Aos meus filhos e mulher, pelo tempo roubado.

O Significado da Poupança

Poupar é optar por um estilo de vida simples, uns trocos abaixo do possível, mas sempre com muito conforto. E com elegância, pelo menos de espírito.

Porque há pessoas que se dedicam a tomar nota de dicas, e a preencher quadros de Excel, com a anotação da pastilha elástica que deixaram de comprar nesse dia de manhã, como se isso servisse para alguma coisa!...

Poupar não é ser forreta a qualquer custo, poupar é uma atitude. É um estado de espírito, aliás elevado.

Não sou a favor de nada a «qualquer custo», não me preocupo com o fim, preocupo-me com os meios, com os detalhes do caminho.

Resumindo, não me identifico com forretices caseiras, tipo contar os feijões que se engolem em cada refeição e beber só meio copo de vinho. Comigo aliás, vinho tem ser sempre uma garrafinha inteira, e tem de ser um vinho com algum nível. A poupança é má se interferir com a qualidade do vinho, ou com nossa generosidade (e o vinho ajuda).

Generosidade para com a nossa família, os nossos amigos, e também, sobretudo para com aqueles que mais precisam.

Poupar é uma coisa, ser sovina é outra.

Recomendo até que exagerem mesmo um pouco no tamanho da casa que comprarem e nas condições de conforto do seu interior, que coloquem um pouco de luxo no carro que conduzem e apliquem algum cuidado, requinte e qualidade na forma como se vestem.

É importante subir o patamar, nivelar por cima, introduzir um pouco de luxo na vida.

Nas pequenas coisas, algumas que só fazem mal, e outras que podem ser substituídas, é que se pode poupar.

Poupar numas coisas para gastar noutras, parece-me ser um bom critério de vida.

Eduardo Rodrigues

Índice

A Importância da Poupança

Na nossa família, fruto das circunstâncias, recebemos todos uma fortíssima educação para a poupança.

Quando por qualquer motivo o meu pai mudava de trabalho e passava, preocupado, alguns dias em casa sem trabalho, procurava, numa atitude inteligente, aproveitar esse tempo o melhor que podia para fazer alguma coisa produtiva para a família, como aumentar o rebanho de 2 cabras para 3 ou deitando mais 1 galinha choca; comprando o segundo porco para o curral ou semeando mais coisas na nossa horta; cuidando da casa virando os agueiros no telhado. Todos o ajudávamos e acompanhávamos com preocupação.

Embora criança - teria os meus 12 anos - partilhava com uma enorme consciência as dificuldades da família, o que me levou por vezes a atrever pisar terrenos que me deveriam ser vedados, o que vou contar seguidamente.

Havia em casa uma velha mesinha de cabeceira, de cor azul, com uma gaveta cheia de inutilidades de onde exalava um cheiro intenso, que agora suponho ter origem numa caixinha vermelha, mal fechada, com remédio creio que para os calos. Na porta logo abaixo da gaveta, por de trás duns trapos velhos para disfarçar, estava guardada, escondida, uma coisa muito importante.

Talvez a coisa mais importante que tínhamos em casa.

Um segredo, que eu conhecia, mas que tinha de fingir que desconhecia: era a localização de uma pequena caixa de ferro fechada à chave, onde estavam guardadas as economias da nossa família: o cofre.

Embora não devesse, eu sabia também do sítio onde estava guardada a chave.

Nunca fui capaz de lá tirar, fosse o que fosse. Mas algumas vezes, apenas para me tranquilizar, conferindo se afinal não seríamos tão pobres assim, inseguro e com medo de ser apanhado, quando estava sozinho em casa, atrevi-me, de ouvido atento (sobretudo às batidas acelerados do meu coração) a abri-lo para me certificar do seu conteúdo, imaginando como seria se alguma vez tivéssemos de passar fome.

Alinhados, estavam quase sempre os mesmos cem contos, mais coisa menos coisa, em notas azuis, com trevos desenhados, além da imagem duma Rainha que eu achava que devia ser a Santa Isabel.

Não era muito, mas esse pé-de-meia fazia-me sentir feliz e um orgulho muito grande do meu pai, e jurava que um dia teria para com o sustento da minha família, as mesmas precauções que ele demonstrava para connosco.

Mais abaixo no fundo, religiosamente guardada, estava outra coisa.

Porventura seria mais valiosa ainda...

Eram os nossos dois Certificados de Aforro, oferecidos pelo Instituto Nacional de Estatística quando nos tinham vindo visitar para saber, entre outras coisas, se tínhamos casa de banho, e obrigado a nossa mãe, durante uma semana, a fazer contas de cabeça para lhes dizer, quantos jantares de grãos, aproximadamente, comeríamos num ano.

Aqueles dois Certificados de Aforro, com um dragão ao meio (parece que os estou a ver) e a dizer Junta de Crédito Público, que soube mais tarde não darem para mandar rezar um cego, serviram para me dar alguma segurança, imaginando o dia em que viria um Senhor com uma grande mala cheia de notas, que trocaria por aqueles dois papéis, certamente valiosíssimos.

Esperamos que hoje, de forma análoga, quando os nossos filhos procederem de igual modo espreitando os talões do Multibanco que andam na carteira, a ver se dá para o jogo novo da Playstation, compreendam que vivemos tempos de maior conforto e consumo, e não se intranquilizem com o saldo.

Cresci numa família humilde e com bastantes limitações.

Vivíamos com o realismo a que as condições nos obrigavam, sem grande margem para sonhos e com o dinheiro que havia, escasso, e apenas fruto do trabalho árduo do meu pai, sempre equitativamente gasto em benefício de todos.

Ninguém sentiu fome, ou privações de maior, mas o dinheiro nunca abundou.

Contudo, preservámos sempre um certo pé-de-meia.

Não se corria logo compulsivamente a gastar, a comprar alguma coisa como se o mundo fosse acabar amanhã, como certas pessoas fazem, e depois ficam a lamentar-se arrependidas, o que nunca entenderei e tem o dom de me irritar bestialmente.

Aquilo era como se fosse um seguro, uma garantia.

Era assim que todas as famílias deviam fazer, cada uma de acordo com as suas possibilidades, aproveitando os momentos melhores para acautelar os imprevistos.

Procurarei doravante, através de alguns textos que fui escrevendo, passar a recomendar algumas sugestões de como Poupar.

O Meu Balde Não Enche

Dois vizinhos passam a tarde de domingo, antes do churrasco marcado para a hora do futebol, a tratar cada um dos seus canteiros, nos quintais das duas moradias geminadas, falando alegremente.

Para regar as sebes, um deles, enche calmamente o seu balde e vai depositar a água nas plantas. Quando termina, vai para casa, para ver o futebol na televisão.

O outro demora mais. Por mais força que faça, a abrir mais e mais a torneira, lamenta-se frequentemente que o seu balde não enche.

Alguém que passa mete conversa, olha o seu trabalho, e observa-lhe se ainda não viu que o seu balde está com o fundo furado.

No orçamento doméstico, acontece a mesma coisa.

Uma pessoa passa todo o tempo a lutar por ganhar mais: a promoção, o escalão, a diuturnidade, a categoria - fazendo tanta pressão do lado da receita, que acaba por dar pouca atenção àquilo que gasta, a esquecer o lado da despesa.

Por vezes, tanto nos desgastamos a forçar a abertura da torneira, que quando o caudal engrossa, já nem desfrutamos de nenhum prazer com isso.

Será o seu orçamento doméstico um balde, a precisar de reparação?

Os seus amigos, conhecidos, vizinhos e outros com rendimentos, porventura semelhantes aos seus, têm melhores casa, roupas, automóveis, férias, do que você?

É dos que, na véspera do ordenado, vai em pantufas ao Multibanco logo após a meia-noite, confirmar o saldo para dormir enfim mais tranquilo, enquanto outros conferem apenas o depósito do ordenado uma semana depois?

Sabe qual é o segredo que eles têm?

O Segredo que guardam é tão simples como simples são todas as coisas sábias:

-Eles orçamentam, e sobretudo, atuam do lado da despesa.

Sabem que de nada serve ganhar muito, se gastar ainda mais.

Toda a família, como toda a empresa, tem de ter um Orçamento. Aprovado na especialidade, desde o carro até à bica.

Para isso, é preciso, além do que se ganha, controlar com rigor para onde vai o seu dinheiro.

Ora, algumas famílias confessam que nem sequer sabem, ao certo, o valor dos seus encargos fixos mensais.

Corra atrás dos seus Euros. Faça um orçamento. Ataque o seu défice!

Nunca esqueça: Um euro...será sempre um euro.

Poupar com Entreajuda

Não quero ser acusado de contribuir para a estagnação do país ou de ter provocado desemprego em alguns serviços, mas a verdade é que face à atual situação cheia de incertezas, posso estar enganado, mas parece-me que a solução para manter alguns pequenos serviços sem encargos está numa maior proximidade e interajuda entre as pessoas.

Nada mais rentável do que ter sempre à mão alguém que dê um jeito em tudo.

Um amigo mecânico, que saiba mudar as lâmpadas e os fusíveis, o óleo, dar uma revisãozita na máquina duas vezes por ano, mudar os fluidos, substituir os pneus que compramos pela net, ou um primo bate-chapas que se ofereça para dar um polimento à máquina após a estação das chuvas, puxando o verniz do metalizado, disfarçando os riscos, mantendo o carro novo como um espelho, apesar da recessão do sector automóvel, fazendo com que o mesmo pareça uns anos mais novo, e fazerem tudo, a troco dumas cervejas, pode render um milhar de euros.

Se uma pessoa se ajeitar ao jardim, for capaz de calçar umas luvas e aplicar-se no alinhamento das sebes de vez em quando, são umas notas de 20 que ficam na carteira.

Uma cunhada ou tia cabeleireira, por exemplo, capaz de cuidar do cabelo da família toda, gratuitamente, ao longo do ano, pode valer centenas de euros.

Se houver alguma habilidade para cozinhar, dispensar toda a comida rápida, pré-cozinhados, e inventar, sendo capaz de fazer pratos que deixam as crianças deliciadas e caladas concentradas no tabuleiro de bacalhau e batatas a murro, regado com azeite e alho, são centenas de euros.

E, se soubermos ir buscar uns frangos, um peru, um borrego, umas couves ou batatas diretamente ao produtor, são milhares. Eles vendem habitualmente esses produtos a menos de um quarto do preço às superfícies ou a gananciosos intermediários.

Ter um pai ou mãe que leve os filhos à escola ou ao autocarro (e que lhes dê os lanches), lhes compre as pastilhas pelo caminho, quanto vale?

O que não se poupa, evitando ter empregada doméstica ou mulher-a-dias, se, disciplinando os hábitos e dividindo as tarefas pela família, organizarmos bem as limpezas: o sábado-mensal-da-limpeza-grande, a noite-da-caça-à-teia-de-aranha, a manhã-de-domingo-de-ataque-ao-bolor-no-teto, o dia-de-apagar-os- números-de-telefone-no-pó-da-mesa-de-cabeceira, etc. ?

Sabem por acaso que as senhoras mais idosas da família, que adoram sentir-se úteis e de se recordarem do tempo em que eram novas, e se fazia tudo à mão, adoram cozer botões, fazer bainhas de calças, e, sobretudo, engomar, passar a ferro?

Ao preço a que está o engomar duma simples camisa ou a dobragem correta duma t-shirt ou dumas boxers numa engomadoria, façam as contas, alguém saberá algum dia dar o justo valor a alguém que nos ajuda, um sábado na nossa casa, em troco de lhes prestarmos também alguns serviços de que somos capazes, e mais uma chaleira de menta e um pratinho de scones?

Índice de Esbanjamento Homologo

Mal se fala de Orçamento de Estado, começam os jornais a assustar-nos com o que aí vem, em matéria de IRS, a partir do início de cada ano que começa.

Todos os anos, muitos portugueses verão maiores descontos, impostos verdes, impostos éticos, impostos saudáveis, além de sobretaxas, e variados cortes e cortezinhos, a favor do Estado.

A maioria dos deputados eleitos na Assembleia da Republica, em representação da maioria dos portugueses que os elegeu, suportando os sucessivos Governos, decide-se sempre por aumentar o IRS, além de taxas extraordinárias.

Se os impostos, tal como a morte, são certos e inevitáveis, o que não tem solução, solucionado está. Sejamos pragmáticos.

A tendência dos salários, e dos rendimentos das famílias em geral, nos últimos anos vem revelando uma tendência muito comparável ao meu ponteiro do gasóleo: a tendência é sempre para trás, nunca para a frente. Ainda que enquanto abasteço, lhe cante, baixinho, cada vez que abasteço, o "avante camarada avante", nunca lhe dá para ficar com a inclinação para a frente, é sempre para trás. Tenho decerto um ponteiro demasiado tendencioso. E pegou o mal aos salários.

Num cenário em que os impostos sobem e o rendimento desce, parece-me adequado fornecer mais um dos meus instrumentos de poupança, a ver se ajuda.

Garanto que é uma boa ferramenta.

Um dos melhores instrumentos para nos ajudar a ter algum controlo sobre a nossa situação financeira, ajudando a controlar os nossos gastos, e trata-se de uma coisa simples, mas a que a maioria das pessoas não presta a devida atenção.

Como não tenho lido policiais ultimamente – bastam-me as manchetes de alguns jornais, de longe com enredos muito mais rebuscados - não tenho vontade de fazer "suspense", e vou direto ao assunto.

Refiro-me, nem mais nem menos, ao extrato da conta bancária, do mês homólogo. Ou seja, o do ano passado, por esta altura, do mesmo mês.

Agora, comparamos Novembro 2014 com Novembro 2013, por exemplo.

Não para nos lastimarmos pelo que recebemos a menos este ano – apesar de servir para fazer essa assustadora comparação - mas para identificar o que estoirámos, mal gasto, no ano passado.

Ele permite, desde logo, recordar todos "factos financeiros relevantes" que tivemos há um ano atrás.

Lembrar, por exemplo, daquela desastrosa ida a uma loja de material desportivo, logo havia de ter sido num dia frio, quando exagerámos na compra de camisolas polares de todas as cores para toda a família, só porque não eram muito caras, e luvas, cachecóis, saindo de lá equipados como o Ursinho Teddy no polo norte, como se houvesse neve em Portimão, o que propiciou um metro de talão na caixa registadora, com algumas centenas de euros no fim...

Recordar o almoço da família alargada, pelos anos de um dos filhos, em que tivemos a veleidade de dizer que "um dia não são dias" e lá largámos quase 200€...

Recordar as tais célebres vacinas para a alergia que pagámos o ano passado por esta altura, que custaram uma fortuna, que um médico da especialidade nos mandou vir, umas de Espanha para uma coisa, outras de Londres para outra. E que agora, visto à distância de um ano, concluo que se a alergia era realmente devida à oliveira do quintal ou ao nosso gato, teria saído mais barato ter comprado uma motosserra, e oferecer o pobre do gato, que não tem culpa, a alguém.

Recordar os problemas com o carro – embora não sejam muito diferentes dos atuais – em que, cansados de ter de o deixar numa descida, para pegar, ou de ter de o empurrar – nada fácil porque como sabem o Alentejo é essencialmente plano - o que apesar de tudo não era assim tão mau, proporcionando um pouco de exercício físico, quer para nós quer para alguma vizinhança, que se sentia alcançada (servindo para distinguir o trigo do joio), até que tivemos de investir numa nova bateria, ou, quando nos "deu na telha", comprar um GPS, com tanta estrela e vacas na beira da estrada panos nos orientarmos.

De que serve recordar as asneiras cometidas o ano passado, perguntar-me-ão.

Pois bem, no meu caso pego numa folha de papel, e faço um risco igual ao que o Paulo Bento fazia no cabelo: De um lado, escrevo 2014, do outro 2013, no topo. Ou seja, o ano atual e o ano anterior.

Depois, do lado do ano anterior, costumo registar todos esses valores despendidos o ano passado por esta altura. Há quem use o mês civil, mas eu prefiro utilizar desde um dia do ordenado até ao outro dia do ordenado. Desde a saída do comboio duma estação até à entrada na outra.

Então, o objetivo é encontrar tópicos (não é difícil) nos quais se "esfumou" o ordenado do mesmo mês no ano passado, ver se valeu a pena, e se eram inevitáveis ou não.

A tática, já estão a ver qual é - isto é como no futebol: quando vemos a constituição da equipa, já adivinhamos qual vai ser o tipo de jogo.

Aqui, a única receita, que tanta satisfação tenho de oferecer aos meus leitores, é tão-somente evitar ao máximo repetir os atos tresloucados do ano anterior.

Posso garantir que, desta forma, o meu Índice de Esbanjamento Homólogo, que calculo de ano para ano, vai diminuindo, e está sob controlo.

É verdade que se limitam pequenos prazeres. Mas largamente compensada com alguma tranquilidade para o futuro.

Poupe com a Técnica da Substituição

Tornou-se frequente assistirmos a alguém lamentando-se de que ganha pouco, ou que o dinheiro não é suficiente para os seus encargos.

Os jornais e televisões, explorando o filão dos dramas humanos, amplificam e exponenciam os casos de pessoas com dificuldades.

Não tenho dúvidas quanto à situação aflitiva em que algumas pessoas estarão, e tomara que ela passe depressa.

Mas tenho ainda menos dúvidas em atribuir a culpa da depressão generalizada registada ao nível do consumo interno, aos meios de comunicação social.

Primeiro ponto: quando as pessoas se queixam, é porque o dinheiro de que dispõem não é suficiente para os seus encargos, ou não é suficiente para o seu nível de consumo?

E, dentro de este, falamos de consumo necessário ou prescindível? E, mesmo dentro de cada uma destas duas categorias, há ainda vários patamares...

Digo isto, porque é comum vermos, por exemplo, na televisão, pessoas a lamentarem-se por não ter dinheiro para comprar comida, mas a... fumar.

Ora, isso é inadmissível.

Significa que aquelas pessoas não sabem estabelecer uma honesta, responsável e criteriosa ordem nas suas prioridades.

Há um poder enorme num conceito, numa atitude, que devemos sempre ter em mente. Se soubermos manejá-lo com arte em nosso favor, teremos muito a ganhar.

Trata-se, tão-somente, do Poder da Substituição.

Consiste basicamente em praticar um pequeno exercício mental, ainda não padronizado nos compêndios de neuro-economia, embora tenha a ver com fenómenos estudados por essa ciência:

-O nosso cérebro, que tem o trabalho de enfrentar um orçamento limitado, faz oscilar a sua atividade entre as zonas do prazer (o que pode gastar) e as zonas da dor (o que tem de se privar). Entre o querer e o poder. Ou seja, quando vai obter um prazer, enfrenta o preço, e sabe que, se comprar, fica cá com um peso na consciência...

Resumindo para leigos: só se pouparmos numa compra, teremos dinheiro de sobra para outra.

Dou um exemplo: Decido ir ao novo Centro Comercial de Portimão amanhã e pretendo almoçar por lá, mas não quero ficar indisposto de tarde. Não das baguetes, mas com o que gastei. Como faço?

-Em vez de ir pela autoestrada (portagens!), parar na área de serviço de Almodôvar para tomar 2 cafés (e 1 garoto ou 2 para os mais novos, que já vão adotando os vícios dos pais, embora mais fraquinhos), mais uma revista, mais um livro ou uma bugiganga qualquer, chegando ao destino já com uma módica quantia despendida de perto de 25€, e esfomeados para a fila das Baguetes; se ...tomarmos o café de cápsulas em casa, e levarmos o tal pacotinho de bolacha Maria para ir comendo pelo caminho, devagarinho (menos combustível) pela estrada nacional, cantarolando, fazendo mais um jogo de "Nomes de animais começados por... ou aquele assim "Qual é a família que tem um pai Francisco e uma filha Rita, que vivem numa casa perto de nós e com bom caminho...", olhando pela janela, vendo as ovelhinhas e as papoilas, para relaxar, chegamos com a fome controlada, e a carteira intacta, com dinheiro para ir onde muito bem quisermos.

Para ajudar, as pessoas a refletir sobre as suas prioridades, passo a fornecer sugestões de alternativas básicas.

1 Café (0,60€) = 1 litro de leite

1 Bolo (0,80€) = 1 Kg de fruta

2 Maços de cigarros (20€) = 1 garrafa de gás

1 Almoço fora com a família (50€) = compras no supermercado de bens alimentares suficientes para mais de semana.

1 Semana a almoçar no restaurante junto ao emprego (5 x7€ = 35€) = 1 depósito de combustível suficiente para uma semana, ou mais.

1 Compra de uma peça de roupa, por impulso (30€) = 3 notinhas de 10€ para o nosso mealheiro secreto

etc...

Não me venham dizer que estou a sugerir para não se consumir; eu sugiro que tanto se pode consumir umas coisas, como outras.

Sobre "compra por impulso" queria dizer que, não sei se sabem, mas existe tanto no género feminino, como masculino.

Assim, se para as mulheres representa uma compra porque não conseguem resistir a um "impulso"; para nós homens trata-se de uma compra a contragosto (porque a peça de roupa a substituir chegou ao fim de vida) em que se faz numa incursão cirúrgica na primeira loja que encontramos, cuja duração raramente ultrapassa a o tempo de um "impulso" telefónico.

É por isso que quando ouço dizer assim: Mais uma vez, tu não experimentas-te essas calças, pois não, (confessa)?

Respondo sempre: "Deixa lá... se ficarem apertadas, aproveito para fazer dieta!"

À Sombra de Uma Azinheira

Era um evento daqueles, pelos quais todos passamos, nos quais, só assim conseguimos avistar os nossos parentes que vivem mais afastados.

Era um casamento, um funeral ou um batismo de alguém da família. Encontraram-se assim, os dois amigos desta parábola.

Em cada um, notava-se um aspeto cuidado na apresentação: roupas que vestiam, os sapatos, a barba aparada. Ambos também aparentavam partilhar igual orgulho na família que os acompanhava.

Cada um fazia-se acompanhar da sua esposa, muito elegante, vestida corretamente para a ocasião, e os filhos eram uma alegria para a vista de qualquer pessoa, sobretudo os avós. Crianças sorridentes e apresentáveis, que demonstravam grande esmero, normalmente da parte da mãe.

Dois casais modelo. Certamente, ambos constituídos por pessoas bem-sucedidas: na vida familiar e nas suas carreiras profissionais.

A alguém ocorreu, quando viu entrar aquelas duas famílias, como as revistas de eventos sociais podem ser tão estúpidas, e perder de vender que nem pãezinhos, ao sonegarem estes momentos ao mundo, e resignarem-se a fotografar sempre os mesmos, já amarelecidos pelos seus próprios flashes.

Havia no entanto, um aspeto intrigante que diferenciava estas duas famílias: Enquanto uma chegou acondicionada num pacatíssimo Renault creio que Clio, a outra vinha a bordo de um elegante Mercedes.

Enquanto se entretinham a falar, queixa para aqui, projeto para ali - o futebol, a polícia de trânsito, o IRS, que trabalham muito, a TV cabo, a crise e outras conversas de ocasião- um deles observa:

-Curioso é como os nossos pais, com a vida que levaram, e as baixas que reformas que têm, e ainda conseguem poupar! Este é o 3º carro que possuo, e que seria de mim se não tivesse sido o meu pai a dar-me, em todos, o dinheiro para a entrada!

Há pessoas, aparentemente (só aparentemente) autónomas, que passam toda a vida pendurados nas algibeiras dos pais.

É confrangedor pensar como isso sucede com pessoas com 30, 40, 50 anos, às vezes mais.

Pessoas normais, com saúde, totalmente dependentes economicamente dos pais.

Se uns o fazem por necessidade pontual, há outros que agem como autênticos predadores. Que retardam para o mais tarde possível, lutar pela sua autonomia.

Vivem, por assim dizer, á sombra de uma azinheira.

A única diferença é que essa azinheira é de folha caduca. E um dia a folha cai. Às vezes, já é tarde de mais para organizar a vida.

Lute por ser autónomo. Tente ganhar honestamente a sua própria vida.

Corra os riscos que outros já correram antes de si. Respeite a velhice dos seus ascendentes. Afinal, respeitá-la, será proteger a sua poupança potencial, natural, geracional, intrínseca.

Deixe-os ficar sossegados nos seus tempos derradeiros. Afinal, nunca se sabe do que poderão ainda precisar...

Poupe Visitando Periodicamente os Idosos da Família

Preocupante a quantidade de pessoas que abandona os seus velhos num Lar, e se limita apenas a visitá-los no Natal. Por vezes, somente se apresentam quando estes já partiram, para tratar da herança, se houver.

Impressionante o número de pessoas que não têm o hábito arreigado de visitar os seus idosos, mesmo quando eles vivem em casa, no interior do país. No Alentejo, Beiras, Trás- os- Montes, por exemplo.

Devemos revisitar periodicamente as nossas origens, normalmente rurais, e os nossos idosos.

Vá à sua terra! Olhe pelos seus avós, pais, sogros, tios, parentes e afins.

Eleja como prioridade, a atenção aos seniores da família.

Há lições, também de poupança, que só eles podem dar. Têm tanta coisa para lhe dar!

Converse muito. Verifique como gerem as suas pensões, por vezes tão baixas.

Aprecie como constroem e cuidam das suas poupanças. Respeite-os.

Nada mais violento e vergonhoso do que assistir, como às vezes se vê nas notícias, de violência sobre idosos, mais das vezes, violência económica, por parte de filhos e familiares mais novos, ou de instituições, surripiando-lhe as poupanças da sua vida, e tratando-os como se fossem trapos inúteis, ou incapazes e destituídos de vontade e de direitos.

Se há muito tempo que não se vê aquele tio, adote uma estratégia de aproximação. Não espere imediatamente pelos resultados. Seja honesto.

Nunca lhe peça nada descaradamente. Tenha tato. Apenas se vier a propósito refira as diferenças entre uma dúzia de ovos caseiros e ovos de aviário.

Coopere com eles. Nem calcula como prezam a sua ajuda. Esteja preparado para tudo.

Pode ser correr atrás de uma cabra, soltar o burro, passar horas a semear batatas, ou carregar lenha para a lareira.

Torne-se versado em Espondilose. Leia-lhes com atenção as horas dos medicamentos. Ganhe lições de vida.

Apenas se for sincero, trará galinhas, laranjas, pernas de borrego, hortelã, presunto, batatas.

Voltará no mês seguinte com uma fotografia dos seus filhos numa moldura, sorridentes, a devorar a última perna de peru que lhe deram. Creia que é, o melhor que lhes podia dar.

Faça das visitas aos seus idosos uma rotina e vai ver como compensa. Pelo que trocam, pelo tempo que não perde nos incontornáveis Centros Comerciais, verifique como o cumprimento de uma obrigação moral, pode ser uma satisfação para ambas as partes, e um importante fator de poupança.

A não ser nos amortecedores. É que, em cada visita, a mala do carro regressa mais pesada.

Haverá quem afirme que o vê, pela calada da noite de domingo, regressar a casa, com o escape do carro a fazer faíscas pelo alcatrão.

Poupe na Manutenção da Casa

Além da limpeza, uma casa, para estar em boas condições de habitabilidade, e valorizada, exige muita manutenção.

É a porta que arrasta, é a dobradiça do armário da cozinha escangalhada, a fechadura que não abre de um dos lados da porta, a lâmpada, a chaminé, a antena, a torneira, o cano entupido, a pintura, o vidro, a madeira estragada...

Os trabalhos executados por profissionais, ou mesmo por simples biscateiros, custam uma fortuna. Nem sempre ficamos bem servidos.

Já deu consigo a pensar: Afinal isto podia eu ter feito... Tinha poupado este dinheiro. Enfim, mas agora já está, o melhor é esquecer.

Arregace as mangas! A partir de hoje, nada vai ser como dantes.

Torne-se mestre na arte de cuidar da manutenção da sua casa.

Pense que não pode desiludir as crianças, para quem você é um herói, que tudo sabe fazer, e melhor do que ninguém.

Puxe pelo seu talento: Qualquer palerma sabe tratar dos pequenos problemas de uma casa.

- Verifique cuidadosamente. Compre os produtos mais adequados, e execute.

Os materiais custam sempre uma ninharia, o que é caro é a mão-de-obra. Ficará espantado com o preço que pagou pela instalação de 5 prateleiras na garagem, quando verificar o preço das mesmas.

- Não se desleixe. Enfrente imediatamente todo e qualquer problema que surja. Entretanto, faça já um levantamento do que é necessário fazer na sua casa, e prometa si mesmo fazer tudo.

-Aprenda fazendo. Não desencoraje com os primeiros resultados. Todos já foram principiantes em alguma coisa.

-Sabe que a porta do armário de cozinha debaixo do lava-louça não fecha igual às outras. Já se sentou no chão e olhou para os parafusos da dobradiça de mola? Aproxime-se. Não tenha medo. Veja de perto. Dobre-se. Não ignore. Não assobie para o lado. Não faça de conta. Não varra para debaixo do tapete.

-Junte-se aos bons. Mesmo os trabalhos mais difíceis, como a pintura das paredes, podem ser feitos em boas condições, com a «prata da casa». Saiba que um grande número de pessoas, pintam elas próprias as suas casas.

-Saiba que em todos os países civilizados, a indústria do bricolage ganha cada vez maior dimensão. Países como a Alemanha, Holanda, França, tem programas de televisão, que se podem ver no cabo, sobre manutenção e melhoramentos na casa. Lojas de materiais surgem como cogumelos.

Não seja mariquinhas. Tratar cuidadosamente da sua casa, pode ser o seu hobbie.

É altamente lucrativo.

Poupe nos Hotéis

O que mais valoriza num Hotel?

O sossego? O conforto dos lençóis, o serviço, a piscina, o ginásio, o solário, o salão, as comodidades no quarto?

No meu caso, considero que nada melhor podemos encontrar num Hotel, após um sono reparador, do que um belo pequeno-almoço.

Os Hotéis são um laboratório onde, na mesma pessoa, se conseguem observar comportamentos contraditórios susceptíveis de ser estudados pela ciência.

Portanto, o que aqui pretendo provar, ao direto e ao vivo, é que a "alma" portuguesa ultrapassa em criatividade, tudo aquilo que já foi escrito sobre o tema da poupança.

No estrangeiro, o pequeno-almoço de muitos hotéis limita-se a meia dúzia de couvetes de doce de framboesa e alguns invólucros de manteiga sem sal.

Em Portugal, quase todos os hotéis dispõem de pequeno almoço buffet. Quase todos de uma rara generosidade. Ainda bem que existe no país o hábito de bem servir.

Contudo, apenas alguns portugueses sabem desfrutar de tudo o que nos é oferecido.

Numa observação atenta que fiz numa estadia recente, descobri uma rara técnica passível de desenvolver, que gostaria de partilhar.

Algumas pessoas desenvolveram uma habilidade, creio que ainda não patenteada, que consiste no seguinte:

Enquanto tomam, tranquilamente, o pequeno almoço com uma mão, a outra, atrapalhadamente, debaixo da mesa, faz sandes de bacon frito com ovos mexidos (!) , e enche alguns alguns croissants com fiambre e queijo, longe do olhar do pessoal de serviço á sala, que vai atirando disfarçadamente para uma mala da senhora, estrategicamente colocada aos pés.

E temos assim, a solução de economicamente transformar uma estadia em regime de alojamento e pequeno almoço, em meia pensão, e, em alguns casos, em pensão completa.

Trouxe para aqui esta história, a que tentei acrescentar algum humor, pois só assim se consegue suportar esta mania portuguesa, de querer ter as coisas sem as pagar, ou sem trabalho.

A opção pela facilidade, pelo embuste, por atingir o fim sem olhar a meios, traduzida por uma expressão carregada de esperteza saloia, muito apreciada, que é "Se eles não verem, até gostam".

Quando o Telefone Toca, Toca a Poupar

Normalmente à noite, mal nos sentamos à mesa para jantar e aproveitar um dos raros momentos de descompressão familiar - bastante facilitada de resto, na parte que me toca, pela garrafa de vinho tinto - começa sempre o telefone a tocar.

Noites repetidas à mesma hora - cheguei a andar desconfiado de ser o vizinho da frente que fornecia a informação a quem ligava que estávamos em casa.

Empresas disto e daquilo, assinaturas de revistas, prémios, sondagens, planos de preços, cartões de crédito, contas certas, e a comida a arrefecer no prato.

Quando sou eu que despacho a chamada no corredor, fico a ouvir chamarem-me da mesa a espaços «Anda já, deixa isso, vai arrefecer tudo».

Se não sou eu que atendo, e se as crianças já não estão por perto - normalmente saem da cozinha ainda a engolir a sobremesa antes dos adultos começarem a sopa, numa competição de qual vai primeiro ao computador- eu, bastante ordinário quando perco a paciência, costumo dizer meia dúzia de asneiras.

Com tanta solicitação telefónica, ando a pensar mandar instalar um divã para fazemos turnos junto ao telefone para despachar tanta gente. Apenas para dizer que não.

Para poupar, a solução é dizer sempre que não a tudo, ainda que com alguma pena nossa.

Quando me perguntam porquê, costume perguntar-lhes se já ouviram falar na Crise. Já ouviram. E aí começa sempre a conversa, em que acabamos por desabafarmos de parte a parte.Os ordenados, o custo de vida, os impostos, os projetos adiados, a irrelavancia da nossa vidinha.

Creio poder afirmar que já conto com imensa malta amiga espalhada aí por esses call- centers, visto que voltam sempre a ligar, uma e outra vez.

No fundo ganho uma vantagem competitiva dada a rede de relacionamentos que desenvolvo, sem falar no poder de argumentação.

Dizem que voltaram a ligar para ver se mudei de ideias, mas tenho a certeza que é apenas para falar comigo. Tenho até um caso de uma pessoa que no fim de eu não lhe comprar nada me perguntou se um dia poderia almoçar comigo.

Considerei não dever aceitar, não fossem vender-me alguma coisa. Não tenho plena confiança porquanto já fiz suficientes negócios ruinosos à mesa.

Se uma pessoa teve a fraqueza de se tornar assinante por 1 ano de uma revista de informática aos 20 anos, é- se perseguido até aos 40 para renová-la.

Se teve disponibilidade para responder a uma sondagem numa tarde de tédio, ainda que com respostas só para distorcer os resultados, fique a saber que passou a integrar um universo exclusivo, cuja opinião jamais deixará de ser ouvida doravante.

Com os telefones, ora são os do fixo, ora os do móvel, como se tivessem feito uma escala.

Em cada dia há um plano de preços à sua espera.Tipo chamadas grátis para 5 amigos – não podem ser 6 amigos- 5 amigos.

Um dilema existencial para quem só tenha 4, ou tenha 6 amigos e não queira excluir nenhum nem desperdiçar as vantagens.

Só amigos. Nunca ninguém se atreveu a inventar chamadas grátis para a sogra (quer dizer, filha-mãe, ou mãe- filha) porque nesse dia todas as companhias de telefones fechariam as portas.

Outros dias, são os dos telefones móveis a oferecerem novos equipamentos.

Como a palavra telemóvel está estafada, e ninguém quer um telemóvel, porque se lembra logo da gaveta cheia de telemóveis obsoletos lá de casa, não dizem telemóveis, dizem equipamentos.

Um equipamento é outra coisa. Ninguém é capaz de dizer que não adoraria receber um.

Toda a gente acha que está a precisar de um novo equipamento.

Pode ser um equipamento informático, de futebol, de btt, de neve, de mergulho. Ou de pesca.

Como Poupar Gás

Estava farto de ter de fazer diariamente uma lavagem "à gato» para compensar os banhos «tipo termal» da filharada, e a minha primeira medida para reduzir o consumo de gás, como pai, foi limitar o banho de imersão ao fim de semana.

Depois de instituído o duche, foi suprimir-lhes os duches em casa nos dias em que têm Educação Física de manhã e o tomam no balneário da escola, bastante ajudado com o mito de que muito banho estraga a pele, e, (infalível) agrava o acne, que por sua vez agrava a conta da farmácia, e eles bem sabem como o Clerasil é um ótimo pretexto para reduzir a mesada.

Quando as pancadinhas na porta da casa de banho para indicar que acabou o tempo do duche deixaram de resultar, em vez de passar às pancadas, ou mesmo patadas, comecei a lembrar-lhes que «a banheira não é propriamente o sítio para aprender a nadar», ou «vê lá se queres que te compre de novo patinhos de borracha», expressões que também colheram muito bons resultados.

Várias vezes avancei para desligar o esquentador, mas rapidamente me envergonhei de tais pensamentos demasiado cruéis.

Decidi então que podemos sempre optar por lavar alguma loicita da manhã como terapia para aliviar a tensão, abrindo e fechando a torneira da cozinha, o que faz com que a água no banho tenha em simultâneo variações de temperatura pouco agradáveis.

Andei imenso tempo a utilizar estas técnicas, enquanto anotava num calendário a duração das garrafas de gás, cada vez mais caras.

Sempre a tentar bater recordes de duração, nem sempre a conseguir.

Nem mesmo com a ajuda do micro ondas, ou com a compra de comida feita, que, confesso, nunca foi bem para poupar gás, mas sim pela preguiça de cozinhar..

Tudo desculpas para adiar o óbvio, até que um dia tomei uma decisão:

Resolvi instalar um Sistema Solar de Água Quente.

-Não deve haver nada melhor para fazer numa habitação nos tempos atuais do que dotá-la de um colector a energia solar.

É um investimento que, diziam os vendedores, que teria retorno ao fim de 3 ou 4 anos (eu já descontava o "excesso de entusiasmo" que os vendedores colocam quando nos vendem qualquer coisa, porque além da energia que os painéis produzem eles pensam sobretudo nos euros que eles nos captam) e contava com 4 ou 5, mas não.

Posso afirmar, que no meu caso em muito pouco tempo, eles passaram a contribuir para a poupança da família.

Seja o tempo que for: é uma energia gratuita, e que dada a nossa posição geográfica e climática, é casmurrice não a aproveitar.

Resta ver, calmamente, no mercado, o que há, comparar, escolher e é de avançar.

Claro que implica um investimento anual, o que nos tempos que correm é uma dor de cabeça.

Nada a que não estejamos habituados, quando assistimos aos sucessivos aumentos das contas do gás.

Poupar Energia e Manter a Casa Quentinha

Todos os anos, quando chega o Inverno, aí temos o frio.

O frio que tudo encolhe, menos uma coisa: a conta da energia.

Aprendemos todos na Escola que, felizmente, vivemos num país de clima ameno e agradável. Verdade.

Mas esqueceram-se de acrescentar que, ameno é, mas só durante um terço do ano. Esta parte do clima suave continua a ser certamente a que mais atenção capta a todos, e continuam a ser muitos, os que saem diretamente da Escola para a Construção Civil, nunca se preocupando muito com os isolamentos térmicos na construção das casas.

Toda a gente se preocupa mais com a estética da habitação, passando extenuantes manhãs de sábado no Leroy Merlin e no Gato Preto a comprar almofadinhas e tapetes, em vez de tomar medidas que tornem a casa mais acolhedora nestes dias de frio glaciar.

Na altura da construção, que é a mais decisiva, o fator térmico, que deveria ser preponderante, é quase sempre negligenciado. Vamos falando em Certificações energéticas ou térmicas, em painéis solares, para nos distrairmos uns aos outros , enquanto escolhemos mas é, a côr dos sofás, e compramos mais um termoventilador para a casa de banho.

Começamos a ver os nossos emigrantes a saltar Natais sem cá vir, optando pelo Verão, enquanto telefonam no Inverno a contar das suas temperaturas negativas, e dizendo que passam os dias em t- shirt, porque até mesmo o frio, tal como uma Açorda se a fizerem, na Suiça, é sempre diferente...

Todos os anos começam a sair nos jornais, números de idosos que estamos a deixar morrer roxos de frio, e lembramo-nos que afinal todos queremos, um dia, embora bastante longínquo, vir a ser idosos também.

Porém, mesmo que tudo lhe pareça negro e perdido, por a sua casa não ter condições nenhumas, não desespere.

Não, não mande vir ainda o Buldozer...a menos que tenha sido escolhido pelo concurso «Extreme Makeover» para ir para o México durante uma semana enquanto lhe re-constroem a casa.

Num destes dias, comece por fazer uma verificação cuidadosa e exaustiva à sua casa. Vá lá , não se assuste

com a sujidade...

Identifique todos os pormenores, compartimento a compartimento, veja todos os buraquinhos e frinchas por onde o ar frio possa entrar: as gretas por baixo das portas, janelas que não vedam bem, chaminés, etc, são zonas a ter em atenção.

Quando possuir uma folha de papel (ou várias) com todos os locais a tratar, já terá uma boa parte do trabalho feito.

O resto é pormenor, é detalhe, é atenção, é cuidado.

E alguns metros de fita de calafetar, e umas bisnagas de silicone.

Poupar na Conta da Luz

Se até a própria EDP recomenda a redução do consumo de energia recomendando formas para gastar menos, é chegada a hora de todos começarmos a fazer um uso mais inteligente da energia, com o que poderemos poupar bastante dinheiro.

Passo a apresentar algumas recomendações:

1- Contrate uma potência e plano de preços adequado ao seu caso. Equacione os vários operadores de mercado. Equacione a tarifa bi (ou tri) horária da EDP, que consiste em ter energia mais barata nas horas vazias (à noite ou ao fim de semana), bastando depois programar os gastos maiores (passar a ferro, máquinas de lavar) para depois das 22 horas. Resulta, e de que maneira!

2- A iluminação é responsável por 15% do consumo de eletricidade total da habitação.

Devemos adequar a iluminação a cada compartimento, conforme a utilização, por forma a nos sentirmos confortáveis, mas de forma responsável. A melhor forma de poupar é, sempre que possível, usar luz natural.

Devemos desligar sempre as luzes quando não são necessárias, ou nos compartimentos da casa onde não permanece ninguém, e mesmo em candeeiros com mais de uma lâmpada. Basta desligar os interruptores, mas é alarmante o número de pessoas que não fazem tal, pelo que são milhões de watts deitados no lixo, desnecessariamente, e também em nossa casa.

Substituir lâmpadas incandescentes por lâmpadas fluorescentes , ou mesmo por lâmpadas fluorescentes compactas, que permitem poupar 80% de energia e produzem a mesma intensidade luminosa, além de durar vários anos mais. Embora sejam mais caras, rapidamente recupera o seu custo.

3- Os aparelhos com o modo stand by foram uma invenção que, além de nos tornar preguiçosos, é cara. Os equipamentos estão sempre a consumir energia quando desligamos através do comando ou quando entra em modo standby(descanso), chegando em alguns casos a consumir cerca de 25%.

Para não sermos irresponsáveis temos duas alternativas: desligar na tomada, o que pode não ser prático, ou ligar os aparelho a uma extensão com várias entradas e um interruptor com luz vermelha. Básico será colocar uma na Tv, vídeo, consola, receptor tv, etc, e outra no computador, impressora, monitor, som ,etc.

E não se esqueça também de sacar os carregadores de telemóvel da tomada quando não forem necessários, porque gastam.

4-Sabe qual é o electrodoméstico que mais energia consome na sua casa? Acertou, se escolheu o frigorífico.

Pelo que quando escolhemos um, o mesmo se aplicando aos outros eletrodomésticos como máquinas de lavar, por exemplo, devemos sempre optar pelos de Classe A, ou, melhor ainda, A+, ou A++ (quanto mais +, melhor) porque os produtos com esta indicação na etiqueta energética consumem muito menos energia.

5- Evite máquinas de secar roupa, o vento e o sol são os melhores secadores, e facilitam o engomar.

Quanto ao engomar, acumule uma grande quantidade de roupa (fácil, eh eh eh !), passe primeiro as peças que não precisam de altas temperaturas, e desligue o ferro antes de terminar. Devo ainda recomendar que passe a ferro o mais tarde possível, por causa da tarifa bi-horária e porque é bom para as insónias, creio que devido ao vapor... É que, cá em casa, quando se trata de passar a ferro, ficamos todos com muito sono..

6- E pronto, tinha mais algumas ideias, como comprar um gato para lavar a loiça, sair de cabelo molhado correndo e abanando a cabeça para secar,trocar o aspirador por uma vassoura, ou mesmo trocar o plasma por uns binóculos, sobretudo se tiver vizinhança que proporcione uma boa paisagem... mas essas, ficam para a próxima.

Poupe nas Visitas a Centros Comerciais

É adepto desse desporto português, que é passar os fins de semana metido dentro de um Centro Comercial?

Toda a segunda-feira, o seu extrato multibanco é uma longa galeria com os nomes das lojas dos franchisings modernos, e isso o indispõe?

Estão os seus filhos a recusar cada vez mais sair consigo, fazendo todas as birras e chantagens para ficar em casa ?

Fique alerta.

Os Centros Comerciais são um sorvedouro do seu ordenado, do seu cartão de crédito, e do seu tempo livre.

Num domingo típico passado num centro comercial você entra às 11.

Gasta dinheiro em revistas e jornais, e nem chega a lê-los porque chega tarde a casa e sem vontade.

Os filhos, consoante as idades, amuam na loja de brinquedos, informática ou material desportivo.

Dirigem-se á zona de fast- food. Uns optam por ir buscar pizza, outros hamburguer, baguete, comida a peso e a sua mulher escolhe uma sopa. Enquanto engole a comida arrefecida, dado o tempo á procura de mesa livre, soma todas as contas, verificando ter gasto o suficiente para duas almoçaradas num restaurante decente.

Abandonam a mesa comentando que, afinal apenas 1 refrigerante médio, teria sido suficiente para todos..

Normalmente o elemento feminino diz que vai ver roupa para as crianças.

Você, que desta vez não utiliza a velha técnica « Ela nas lojas/Nós no cinema» dado já ter assistido várias vezes a todos os filmes para 6 anos em exibição, resolve ir ler para a FNAC, ou ver material desportivo na Sporzone.

Reencontram-se , cheios de dor de cabeça. Há compras por impulso em 3 lojas espanholas e numa perfumaria. Comprovará que não gostam muito de nada, porque se esquecem de retirar os sacos do carro, quando chegam a casa à noite, e anda 2 dias com eles na mala.

Regressa a casa. Olha para o monte de talões de pagamento com cartão a abarrotar na carteira, amarfalhados. Pensa como pode o tempo passar tão rápido no Centro Comercial, e já ser noite.

Sabe porquê? Porque os Centro Comerciais não tem janelas.

Tem uma luz em tudo igual á luz do dia. Para que os clientes fiquem gastando dinheiro sem querer, até altas horas da noite.

Poupe Combustível

Estou a escreve à noite, como sempre faço, e daqui a 7 horas será manhã de mais um dia.

Cerca de 5 milhões de carros existentes em Portugal estarão provavelmente - tirando os que estão parados- a consumir combustível.

Algum deles será o seu?

Boa parte, em consumo urbano, no pára-arranca, gasta mais de 10 litros aos 100Kms, ou seja, consome mais de 1 litro a cada 10 kms.

Dez quilómetros é uma coisinha de nada.

É ir até ali à barbearia da esquina, ir e vir, mais a rotunda.

O gasóleo, atualmente, custa cerca de 1.50 € cada litro, correndo o risco de este cálculo se desatualizar durante a noite, para cima.

Ou seja, cada voltinha na sua cidade, mais manobra menos manobra, mais aceleradela menos travagem, custa- lhe no mínimo,vá lá, 1€, para sermos redondos.

Assim, cada vez que for comprar pão, ou um jornal, ou fazer a compra esquecida para o jantar, aos Correios ou ao Banco, ou ver a tia, soma diretamente, embora de forma disfarçada, 1€, na sua conta de combustível.

Cada vez que for tomar a bica, ou mesmo se for ao parque apanhar ar, cada vez que, ao deitar a mão às chaves do carro, tenha presente que esse gesto custa sempre 1 euro.

Optar por ir a pé ou de bicicleta, é, ao contrário, meter, quase sem querer, 1€ no seu mealheiro.

Quantos euros é capaz de poupar numa semana??

Voltinhas, quantas dá? Dá 2 por dia? Dá 4 aos dias de Fim de semana? São 18...voltas. São 18€ por semana!

Será possível que da sua conta mensal de combustível, constem mais de 80€ de combustível evitável?

Isso é quê, uns 50% da sua factura, susceptível de eliminar? E não quer?

De gasóleo prontinho, para ser trocado por energia renovável/ saudável?

Prontinho a ser trocado por ...um pouco de prazer?

Nas últimas eleições autárquicas houve uma candidatura mais imaginativa, em Lisboa, que resolveu organizar uma inédita e curiosa competição pela capital:

Uma deslocação simultânea de metro, de carro, de bicicleta e...de burro, a ver quem fazia determinado percurso em menos tempo.

Não sei se ganhou o burro. Mas não foi o carro de certeza...

Falamos de poupança em dinheiro.

Mas, e quanto a tempo? Se suprimir as voltinhas de carro, quanto tempo poupa, se sair de bicicleta, ou mesmo a pé?

Quantas rotundas evita, quantos sentidos proibidos, quantos semáforos? Quanto stress?

Não é verdade que consegue realizar todas as tarefas em muito menos tempo?

Experimente e ficará surpreendido(a) ao ver como consegue ganhar tempo para fazer o que mais gosta.

Todos nos comportamos, mais ou menos, como se fôssemos imortais, e ainda bem.

Mas a verdade é que afinal, o tempo é bem mais valioso do que o dinheiro.

Poupe no Almoço

Se tem de almoçar fora de casa toda a semana, trate de jogar com essa contrariedade financeira em seu favor.

Em vez de se lamentar, e invejar outras pessoas que trabalham em casa, ou perto, e desfrutam do conforto da sua casa ou da comodidade de ter refeitório na empresa, enquanto você tem, todos os dias, de procurar um restaurante, transforme esse desafio − económico e de qualidade alimentar - que lhe é apresentado, numa oportunidade.

Pare de carregar esse fardo, ou será você que se tornará um fardo.

Estará preparado para aceder a uma REVELAÇÃO nas próximas linhas?

Pois bem. Saiba desde já, que nas sociedades mais evoluídas atualmente, a menos que se trabalhe na estiva, as pessoas almoçam, algures numa área restrita do seu trabalho, apenas uma sopa, podendo ser susbtituída ocasionalmente por um iogurte de meio litro.

E, claro, levam bastante fruta para os lanches.

Embora não tenha a certeza, presumo que para além disso, serão também permitidos, muito discretamente, alguns pacotes de bolacha Maria.

O que precisava, está provado, não é de «almoçar fora» todos os dias.

As diferenças entre almoçar no restaurante ou na copa do seu trabalho são mínimas: no restaurante almoça a pensar na vida a olhar para a televisão ao canto sem som; na copa almoça a pensar na vida e olhando para os caixotes vazios da Rank Xerox que ficam em frente. É a mesma coisa.

O seu destino, de há muito traçado, era a Sopa.

Um abraço, uma palavra de ânimo e incentivo, a minha solidariedade, para aqueles que cultivavam o velho hábito da mesa, e de fazer de cada almoço, um banquete. Para os que vão todos os dias almoçar, em grupo, como se fossem para o último jantar de finalistas, será para eles um longo caminho.

Deixe para trás a ideia de negociar um preço diário com o restaurante da frente.

Pare de tentar ser amigo do dono do restaurante.

De nada interessa eleger um sítio com grande variedade de pratos. De nada vale tentar trocar vinho por cerveja, esta por refrigerante, e por último, este por água, ou mesmo habituar o estômago a meia dose.

Esqueça os conselhos que ouvia em casa: de preferir peixe a carne, e legumes a carne ou peixe, pedir para aumentarem na salada e reduzirem no resto, supressão de fritos e molhos, rejeitar sempre a sobremesa, e todos os estratagemas que vulgarmente se utilizam para comer melhor e mais barato.

Em vez de levar diariamente uma notinha de 10€ na carteira para o Almoço, leve antes moedas.

Convença os colegas a fazer uma «vaquinha»...

Tudo quanto você precisa, afinal, é de um Micro-Ondas.

Poupe Ainda Mais Combustível

Ecocondução é possuir um carro adequado à utilização que se faz dele. Por exemplo, se se tratar de um carro para deslocação individual para o trabalho, o ideal será um diesel de 2 lugares.

O estilo de condução também permite poupar. Nada de acelerações, nem arranques ou travagens bruscas. Faça de conta que vai atrás do carro da Brigada de Transito.

Bem sei que não é fácil, mas procure ter um estilo cruise-control.

Tenha sempre presente que o seu estilo de condução influncía, e de que maneira, a quantidade de imposto - perdão - combustível, que consome.

Pelo menos uma vez por vez verifique se os pneus andam com a quantidade de ar suficiente. Não deixe os pneus em apneia, com falta de ar.

Cumpra rigorosamente as verificações periódicas e ataque todo e qualquer problema logo mal ele aparece.

Divirta-se a limpar cuidadosamente o carro por dentro e fora, ao fim de semana, sempre que não tiver nada de mais estimulante para fazer.

Verifique o nível dos líquidos.

Deixe sempre o seu carro como gostaria que os ladrões o encontrassem: fechado.

Se pretende poupar, o Ar Condicionado é para esquecer.

Aproveite a Chaufagem no Inverno e, em maré de calor, a Ventilação Interior.

Não se aconselha que abra as janelas, porque o atrito da brisa pode também encarecer a condução.

Aliás, além de evitar a brisa, pode até evitar a Auto-estrada.

Utilize as melhores vias para se deslocar, mas pondere bem se necessita mesmo de ir pela auto-estrada.

Por exemplo neste momento de Castro Verde ao Algarve a autoestrada custa mais de 5 euros. Duas vezes mais 5 euros, são mais de 10 euros. Dez euros, são os 2 Happy Meals e ainda sobra para o gelado.

Acerca da Auto-estrada, convém dizer ainda que é melhor também tomar o café na tasca da esquina, antes de partir.

É que na Área de Serviço é mais caro e não temos grandes alternativas.

Se contarmos com a corrida dos miúdos ao Self-Service porque acham engraçado, cravar queques e mais a revista Super Jovem, veja-se a diferença.

A maior parte das vezes a tendencia é entrar na Autoestrada. Mas depois, pensando bem, se não há grande pressa, se há boas condições climatéricas, etc, o IP1 pode ser uma excelente alternativa.

Demora-se mais um pouco, mas isso dá para mais um jogo de «Nomes de Animais Começados por...» ou «Conheço uma família com um pai Francisco, uma filha Ana...», com que entretemos os mais novos pelo caminho.

Outra boa regra é utilizar o carro com o máximo de lotação permitida. Porém, as despesas deverão ser partilhadas.

Vou contar uma história:

Numa altura da minha vida em que fazia todos os dias o mesmo percurso, e esta coisa de no Alentejo as pessoas se conhecerem todas umas às outras, vai daí, um dia, tive de dar uma boleia a senhor conhecido, de idade avançada.

Nada de mais, não fora dar-se o caso de, no dia seguinte, estarem quatro no mesmo local, de mão estendida mal me avistaram.

Nesse dia, enquanto os acomodava o melhor que pude e arrumava os cajados e os cestos dos ovos na mala, decidi que o melhor que tinha a fazer era redigir uma inflamada queixa contra mim próprio em papel azul de 25 linhas subscrita por 10 supostos motoristas de taxi.

Assim fiz, agrafando à mesma umas folhas velhas do Diário da República (ninguém tem paciência para ler uma linha sequer do Diário da República) supostamente com Legislação Proibitiva da Boleia e respectiva Moldura Penal, a que agrafei ainda vários tickets de montagem dos bonecos da Kinder-Surpresa, por ser o que havia mais à mão, e que digo serem as Multas que já tive de pagar por ter querido ser prestável.

Quando alguem pede boleia, paro, e respeitosamente armo o discurso previamente ensaiado, sacudindo aquela papelada para me desculpar.

Assim salvei airosamente a dignidade do meu Bolinhas, prestes a tornar-se uma espécie de Camioneta Social da Carreira.

Poupe Combustível: Ande a Pé

Cada vez mais as dificuldades de estacionamento desencorajam os pequenos percursos de automóvel. Todavia, a maioria das pessoas utiliza o carro para ir a todo o lado.

Curioso é ver como nas pequenas cidades e localidades do interior, onde é suposto pensar que as pessoas ainda se deslocam a pé, nas suas relações de proximidade e vizinhança, sucede exatamente o contrário.

Há quem, inclusive, adquira veículos que não exigem carta de condução, para também fazer pequenos percursos, de automóvel.

Parte substancial do seu consumo em combustível poderia ser evitado. Bastaria, para tanto, suprimir as pequenas viagens que faz dentro da sua cidade. O pára -arranca. A pequena voltinha para adormecer o bebé, ao futebol, às compras, para meter combustível.

Uma fatia considerável do seu orçamento esfuma-se em octanas e você não quer ver. Não contabiliza? Quanto gasta por mês na bomba? 150 €, mais ?

Já pensou em poupar metade?

A alternativa é só uma: Ande a pé.

Não custa nada.

Para andar a pé na sua cidade, a bem dizer, bastam uns bons sapatos e saber um pouco de Russo.

Umas três palavras em Russo, para ir cumprimentando as outras pessoas que andam a pé, todas de leste.

Não tenha vergonha de ir a pé.

Leve sempre as chaves do carro na mão. Assim, cada vez que um amigo parar junto a si perguntando se a oficina não arranjou carro de cortesia ou se se trata de uma recomendação médica, faça tilintar o seu porta chaves, dizendo que deixou o carro ali perto, e recuse a boleia.

Tem vergonha de andar a pé? Pode também caminhar disfarçado. Que tal um gorro de lã?

Ganhe gosto pela caminhada.

Descubra os mundos que há para além do seu mundo: Tome café na Pastelaria do outro lado da cidade.

Vá sempre ao Supermercado na reserva:

Como sabe, o talão das compras, confere um desconto por litro no combustível.

Não se esqueça :

Abasteça sempre, mas sempre, antes da meia- noite.

Normalmente, a gasolina sobe sempre «depois da meia-noite».

Ganhe Dinheiro Com As Explicações dos Seus Filhos

Um crescente número de pais recorre cada vez mais a explicadores, na tentativa de melhorar o aproveitamento escolar dos seus filhos.

A quantidade de pessoas que dão explicações não pára de aumentar. Não obstante, os preços por hora não baixam e estão se tornando um luxo.

Além da frustração que os pais sentem por nunca poder medir com exatidão o sucesso proveniente desse encargo adicional, subsiste-lhes um vago remorso de estar a comprar a atenção e acompanhamento que devem aos filhos, nas suas atividades escolares.

Não dramatizemos. Há alguma coisa que possamos fazer?

A resposta é: Há.

Toque o sino a repique. No próximo jantar em família, anuncie solenemente quem será o próximo explicador:

Você mesmo!

Passe no Exame de Admissão:

Documente-se sobre o que os seus filhos estão a aprender na Escola. Saiba os horários. Descubra em que escola eles andam. Qual o ano.

Quantas disciplinas têm. Que tal são os professores.

Leve um livro ou outro para o trabalho, e, a pretexto de tirar umas cópias, dê uma olhadela na matéria.

Comece por os ensinar a estudar. Faça um plano. Estabeleça objetivos realistas.

Prepare-se para dispender algum do seu tempo. A que disciplinas tem os seus filhos maiores dificuldades.A que disciplinas nem mesmo com explicador lá chegavam, etc.

Desligue qualquer TV num raio de 300 m.

Internet também não deverá ser permitida, a não ser pelo tempo estritamente necessário. Toda a gente sabe sobre o que incidem as pesquisas escolares dos adolescentes.

Prepare-os para os testes:

Faça perguntas sobre as partes das matérias mais importantes.

Como sabe, apenas nós, os adultos (além dos professores) guardamos um segredo secular: Qualquer teste incide apenas sobre o essencial, bastando ler as partes sublinhadas dos livros, para não fazer figura de parvo, e ultrapassar largamente as expectativas.

Pague então, generosamente, o preço das explicações, a si próprio. Ganhe dinheiro. Obviamente, não quererá ser mal pago.

Pode até estabelecer uma remuneração variável, em função dos resultados alcançados, privilégio só ao alcance de altos quadros nas empresas.

Poderá assim, ter finalmente o patrão com que sempre sonhou.

Poupe no Supermercado

Quantas vezes entrou num supermercado só para comprar duas cebolas, e veio de lá com dois sacos cheios de compras?

Numa perspectiva lúdica, podemos afirmar que um supermercado é como um jogo de xadrez.

De um lado está o dono do supermercado, com a sua estratégia: boa localização, iluminação suave, pavimento liso e confortável, ar condicionado no ponto, música ambiente agradável, separação por áreas, colocação estratégica dos produtos nas prateleiras com os mais caros à altura dos olhos, e os chocolates e chupa chupas junto das caixas à altura dos olhos das crianças, ausência de relógio, todos os meios de pagamento á disposição, promoções, folhetos.

A tarefa dele é fazer com que você deixe lá a maior quantia possível do seu dinheiro. E não é que resulta?

Do outro lado, á coca, está você.

Compete a si, contornar a estratégia do seu adversário.

Quem é que não gosta de ganhar uma difícil partida de Xadrez ?

Há regras básicas, que encontra em qualquer revista , como por exemplo:

-Nunca vá ás compres com fome.

-Leve sempre um lista de compras, e respeite-a.

-Talvez o melhor seja deixar as crianças com alguém.

Sobre os folhetos, sabe que entre fotografia e realidade há sempre uma certa diferença?

Basta encontrar alguém de quem vemos a foto no facebook e depois vê-la ao vivo , para ver como as fotos rejuvenescem um bocado as pessoas ..

Por outro lado, não acredite que o preço de folheto, só porque é de folheto, é realmente assim tão favorável.

Ao preço a que está a tipografia...

E não há garantia que um produto que está hoje a 50% do preço da semana passada, não tenha, na semana passada, subido 200% face ao preço anterior.

Sobre as promoções, tenha presente que não vale a pena levar para casa 2 elefantes pelo preço de um, a não ser que tenha toda a necessidade de 2 elefantes.

Se não tem tempo, nem paciênca para andar a visitar vários supermercados e comparar preços, ouça o que as pessoas comentam, e aproveite. Dê a maior atenção aos forretas. «Em tal sítio, as minis custam só 20 cêntimos. A perna de borrego custa metade à 4ª feira»

Cá por mim, utilizo uma técnica que eu inventei e aparentemente ainda não ocorreu a mais ninguém.

Não existem ainda, por enquanto, estudos científicos que provem a bondade do meu método.

É o método 50% :

Todos precisam de clientes, e uma pessoa tem de comer.

Então, nada melhor que, um sábado ou outro, ir, não a um , mas a 2 supermercados.

E, em cada um deles, comprar apenas 50% do que necessitamos.

Depois, é só comparar quanto gastámos, aproximadamente em cada um, e ver, efetivamente, qual é o mais barato.

Confesso que este método tem a sua parte divertida.

Alguém imagina a empregada, quando chegamos á peixaria com uma casa de família atrás, e pedimos 1/2 peixe-espada, perguntar se quer a cabeça?

Pelo contrário, rara é a vez em que o peixe, devido aquela solidariedade natural das peixeiras, não vem acompanhado de uma pequena coleção de cabeças, inclusive de outros peixes diferentes.

Poupe Pela Sua Saúde

As doenças cardiovasculares e a obesidade estão a aumentar silenciosamente.

É chocante ouvir dizer todas as semanas que alguém com 50, 40, 30 anos, ou menos, morreu de ataque cardíaco. Teve um princípio de enfarte, um AVC, é obeso, está à espera duma banda gástrica, «que está ligado às máquinas», «foram dar com ele morto», ou descobriu que tem gota ou diabetes... Qualquer coisa do coração, do colesterol, ou do metabolismo.

É um facto que estas situações sempre aconteceram. Em alentejano, dizia-se que fulano de tal «deu-lhe uma coisa». Um trango-mango, um xelique, um badagaio, uma solipampa ou uma estramozoa. Foi um ar que lhe deu...

No entanto, temos a sensação que estes problemas de saúde estão a aumentar.

Pode parecer cruel dizer isto, mas parece-me perfeitamente natural e expectável que tal aconteça. Ou que não aconteça mais ainda.

Por uma simples razão:

O que aconteceria, se abastecesse o seu carro vezes sem conta, sem nunca gastar a gasolina? -As pessoas andam a comer mais do que devem.

E a beber quantidades exageradas de bebidas alcoólicas. Fumam bastante, mesmo passivamente.

Um dia destes, ouvi um senhor a comentar: Acho que deve ser das coisas que comemos atualmente... dos químicos.

Pensei: Anda lá perto . Não é bem das coisas que comemos, é da quantidade de coisas que comemos.

Já todos lemos carradas de informação sobre alimentação correta. O difícil é filtrar, e fala-se pouco em reduzir a quantidade.

Vou deter-me nos doces.

Pouca gente fala de uma coisa : houve uma grande escalada no consumo de açúcar.

Já reparou como as pessoas consomem açúcar duma forma desmesurada?

Dizem: Tomo 6 cafés diários. Deviam dizer: tomo quase meio quilo de açúcar diário, no café.

As sobremesas são cada vez mais um atentado, porque os doces são cada vez mais doces. Sobra sempre a salada de frutas. Comem baba de camelo- aquilo é uma peste.

Inventam receitas de leite condensado, com açúcar, chocolate, etc. Fazem autênticas bombas calóricas, para se saciar, concentrados de açúcar.

Doce da avó, mas a verdade é que no tempo da avó se comia fruta.

E bolos? Andamos todos «Embolados». Nasce uma pastelaria a cada minuto. Carradas de pacotes de «Madalenas» voam das prateleiras das lojas dos chineses a cada segundo.

Empanturram-se de chocolates. Grande parte dos alimentos estão contaminado com doses exageradas de doces.

Depois, o paladar habitua-se e é cada vez mais difícil contornar isto.

Porque tem as pessoas estes comportamentos alimentares, tabágicos, etílicos?

Tenho prestado atenção à situação, e estou em crer que as pessoas o fazem, por duas ordens de razões:

-Uns para esquecer, outros para lembrar.

(Quem não tem grande coisa para esquecer, e, muito menos para lembrar - como eu, por exemplo – está cheio de sorte. É muito menos propenso a beber, a fumar, a comer demasiado, ou mesmo a experimentar drogas).

Toda a gente entende o homem ou a mulher que enfrentou uma situação crítica na vida: perda de alguém, separação, conflitos, desemprego, a pegar num cigarrito e ficar ali a fumar... ou ir a um bar encostar-se ao balcão e beber uns copos, mais não seja para desabafar com alguém. São situações socialmente aceites, comuns até nos filmes, e até o Luckey Lucke o fazia.

Mais díficil, é entender aquelas pessoas que têm tudo, aqueles a quem as Leis de Murphy não incomodam e tudo corre bem.

Não sei, se por solidariedade com os primeiros, ou porque não se sentem dignos de tanto bem, tanta saúde, tanto dinheiro, tanta felicidade, desatam a comer em excesso, a fumar e beber desregradamente. Em vez de desfrutar alegremente da saúde, da beleza, da fartura, da felicidade que a natureza lhes atribuiu.

Sem querer generalizar, algumas pessoas fazem mal a si próprias, porque querem. É então razoável ter alguma pena delas?

Mais depressa do que pensamos, virá aí a paranoia da saúde, e a seleção dos cuidados.

Como em tudo, acabará por pagar o justo pelo pecador.

Poupe nos Transportes

Não é necessário falar do pandemónio do trânsito todas as manhãs nos acessos às grandes cidades para referir as vantagens dos transportes públicos.

Basta experimentar fazer Lisboa – Porto, num moderno comboio da CP ; Barreiro – Lisboa, num barco catamaran super confortável da Soflusa , Lisboa –Barcelona num voo TAP, viajar um pouco no Metro do Metropolitano de Lisboa, mesmo no comboio da Ponte Sobre o Tejo, num Autocarro da Carris, ou até resolver ir a Faro num autocarro Rede-Expresso, para constatar como, apesar de ainda faltarem algumas ligações, como existem em outras redes de transportes da Europa, mas muito mudaram, para melhor, os nossos meios de transporte de utilização colectiva.

Ainda bem.

Parece-me contudo, que tal evolução em termos de conforto, não foi ainda percepcionada pela generalidade dos potenciais utilizadores, que continuam, metidos dentro dos seus «latinhas», alguns já adeptos da condução defensiva, a grande parte, ainda da condução «atacante», a avaliar pelo número de acidentes e vítimas nas estradas, agarrados ao volante diariamente para o trabalho, ao fim de semana em passeio e ocasionalmente até em idas ao estrangeiro.

Torna-se cada vez mais imperativo, e, se atendermos à escalada do preço dos combustíveis, mais económico, voltar-mo-nos para uma utilização colectiva do transporte.

Se os japoneses o fazem, porque não nós?

Isto, sem falar em questões ambientais ou de gestão dos espaços e fluxos nas cidades, que são autênticos quebra-cabeças...

Para começar, sugiro que comecemos a habituar-nos a partilhar o automóvel nas deslocações para o trabalho com outras pessoas.

Eu, apesar da minha natureza por demais independente, já o faço.

Basta reunir um grupo de 3 ou 4 pessoas que faça o mesmo trajeto, e, em vez de continuar de forma egoística a utilizar um carro cada pessoa, tomarmos a iniciativa de propor uma escala, ora um ora outro, mesmo a título experimental, por um mês por exemplo.

Se forem 4 pessoas, e gastarem em média 100 euros cada, podem assim reduzir para 25 euros cada.

Nos tempos que correm, um aumento salarial extra, de 75 €/mês, à sua disposição logo que queira, não é suficientemente convincente?

Poupe no Chá

Pegou a moda do chá. Já não há casa de família que não leve, nas suas compras semanais, umas embalagens de chá.

Uma atitude inteligente, e uma maneira de poupar, é fabricar os seus próprios chás.

Além dos básicos, que toda a gente tem: chá de Cascas de Limão, chá Príncipe, chá Bela Luísa, chá de Camomila, chá Verde, quem não tenha paciência, pode sempre comprar o próprio Ice Tea e ferver.

Quem quiser arriscar a fazer outros chás, basta ir a uma casa de chá e ver com atenção que ervas lá estão moídas: pode começar por compará-las com algum pasto que exista nas imediações.

Depois, é só ir apanhá-las, e mostrá-las a alguém entendido, e talvez consiga fazer um chá razoável.

Não me responsabilizo pelos efeitos.

Infelizmente, deixei de acreditar na raridade das ervas que eles vendem.

A culpa foi de quem receitou a alguém da família umas cápsulas para a sinusite, caríssimas, cujo único ingrediente, constante num honesto folheto que vinha dentro da caixa, era Água do Mar Capturada ao Largo dos Açores.

Escrevi imediatamente ao laboratório, a propor uma parceria:

-"Olhem lá rapaziada, vocês não querem fazer uma sociedade comigo, para produzirmos outras, ainda um pouco mais caras, talvez para o reumático, à base de água do mar capturada na praia de Armação de Pêra? ". Nunca me responderam.

Há chás para tudo. Os criadores de chás devem ter passado longas horas, disfarçados de velhinha, nas salas de espera dos consultórios a ouvir os pacientes que vão para lá, espairecer às tardes, lamentando todas as enfermidades e maleitas que os atormentam e desataram a criar chás. Vê-se realmente que assim é – os nomes dos chás são ditados por tradição oral. Ora veja-se os erros ortográficos nos nomes das doenças, constantes nos pacotes. Alguns, conseguem dar mais erros ortográficos do que eu dou aqui..

Na minha terra havia a Cooperativa, onde eram vendidom vários chás. Havia um, que se destacava, chamado, nada mais, nada menos, do que: «Levanta o Pau».

Era ver a terceira idade, no dia da semana em que chegava o chá com um nome tão sugestivo, largar o banco do jardim e partir em debandada, mesmo coxeando, acotovelar-se frente à prateleira, que ficava, inevitavelmente, vazia.

Os que já não podiam andar, mandavam a mulher – que envergonhada, nesse dia lá tinha de comprar três chás.

Um para a dor de cabeça e outro para a urticária, para mais disfarçadamente trazer também, no meio de uma talhada de abóbora e duas farinheiras, como se fosse por engano, um pacotinho de «Levanta o Pau».

Há cada chá...

Poupe no Pequeno-almoço

O pequeno-almoço, por ser a primeira refeição da manhã, dizem os especialistas, devia ser a refeição principal.

Existe uma quantidade enorme de portugueses que tomam o pequeno almoço fora de casa.

Porque não tomá-lo em casa?

Quanto custa em média, um pequeno almoço fora de casa? Vezes 30 dias do mês? Vezes os dois elementos do casal?

Faz isso porque acorda tarde, e só tem tempo para se vestir?

É para ter um pretexto para chegar um pouco atrasado ao emprego?

Para ter uma desculpa para se ausentar 20 minutos todas as manhãs ? O seu chefe ainda não fez reparo?

Se tem de ser...seja ao menos honesto: troque café por leite; bolos por pão ou torrada.

Organize a sua vida conscienciosamente de forma a tomar sempre o pequeno almoço em casa.

-Acorde mais cedo.

-Deixe a mesa preparada á noite

-Faça sumo de laranja antes de ir dormir

-Tenha sempre uma torradeira á mão e o micro- ondas em ordem

-Faça um acordo com o seu padeiro, por forma a que ele coloque todas as manhãs bem cedo o seu pão quente na maçaneta da porta da rua.

-Forneça o frigorífico para toda a semana com manteigas, fiambre, queijos.

- Tenha também cereais, iogurtes em quantidade e bastante fruta variada.

Faça um mealheiro com tudo o que gastava no pequeno almoço fora.

Com essa verba verá que abastece convenientemente para o consumo em casa.

Poupe no Pequeno-almoço Fora de Casa

A forma mais barata de tomar o pequeno almoço, é em casa.

Ainda assim, para quem pretenda continuar a insistir em pequenalmoçar fora, o pequeno almoço de uma pessoa que trabalha, e que toma esse pequeno almoço no local de trabalho, como alguns de nós fazemos, não é necessário mais dinheiro, do que cerca de 0.26€ por dia.

Faz-se assim:

-No dia 1 de cada mês compra-se no supermercado um pacote de manteiga, tipo Gresso ou outra qualquer por 1.25€. Dá à vontade para um mês, dá para oferecer aos colegas, e ainda sobra.

-Em cada semana leva-se, a cada 2ª feira, um pacote de leite Mimosa, que custa cerca de 0.50€, o que dá à vontade para 5 galões.

-Diariamente, vamos à padaria junto ao emprego e compramos 1 papo-seco acabadinho de sair do forno, custa 0.10€.

Assim, quando a fome ataca ou precisamos de reforçar os níveis de açúcar para raciocinar melhor, em vêz de irmos por aí, ouvindo das boas por causa dos maus resultados do Sporting, e a vingança é nos pasteis de nata, e quem sofre é carteira, porque basta nos alargarmos com qualquer coisita e lá se vai 1.5€ ou 2€ que nos vão fazer falta para coisas essenciais, além de perdermos quase 10 minutos com a maior das facilidades, que nos vão fazer falta para concluir algum trabalho e depois à tarde è que se paga, porque temos de ficar mais tempo, e a família é que sofre...

Assim, aí pelas 10 ou 10H30, mal exista uma "aberta" no serviço para fazer uma ligeira pausa, sentamo-nos confortavelmente na área reservada do nosso trabalho, caso exista por lá uma maquina de café como algumas empresas dispões, fazemos o galãozinho e a sandes, a cheirar a café e a pão quente, que comemos calmamente, enquanto lemos a crónica da Clara Ferreira Alves, na revista do Expresso, ou um artigo da Visão da semana anterior que alguém leve para o trabalho, desanuviamos na mesma, regressamos concentrados, raramente perdemos mais do que 5 minutos, e feitas as contas, fica-nos sensivelmente a 26 cêntimos por dia .

O que, em cerca de 22 dias úteis /mês, sempre se traduz num custo de 5,72€.

É dinheiro...

Obtenha o seu Próprio Azeite

Das várias atividades que sempre optamos por executar nós próprios todos os anos, uma delas é obtermos com o trabalho da família, o nosso próprio Azeite.

Bastam uns 2 fins de semana. Em 4 dias, 2 adultos, com a colaboração dos filhos se os conseguirmos convencer para um programa diferente, é o suficiente para colher das Oliveiras a quantidade de Azeitonas necessárias para produzir o que gasta de Azeite, por ano, uma família média. Coisa para uns 50 litros.

Com um pouco de criatividade podemos sempre compor um aliciante Package de Fim-de-Semana temático: A Colheita do Azeite. Com estadia, refeições, greve ao computador e muito exercício físico, na Aldeia.

Nesses dias, com entusiasmo, é possível conseguir recolher, à nossa parte, nunca menos de 500 Kgs de Azeitonas, equivalente a mais ou menos 12 a 15 sacos de 40 Kgs, mais ou menos 3 malas de automóvel/jipe cheias.

Parece muito difícil, mas não é: são menos de 2 sacos/pessoa/dia.

Quem quiser seguir esta sugestão, pode ir a uma qualquer Aldeia do Alentejo e perguntar como.

Existem centenas de pequenos olivais centenários abandonados, os seus proprietários são muito idosos e já incapazes de apanhar a azeitona.

Os filhos deles vivem nas grandes cidades e quando vem à província, fazem-no em visitas relâmpago e não querem saber.

A população ativa que ainda lá vive, há muito que deixou de fazer qualquer trabalho agrícola. Desde que Portugal é um país de Serviços, as pessoas, ou tem um Escritório para Trabalhar ou sobrevivem de Apoios, e executar trabalho no campo passou a ser uma tarefa menor que ninguém quer.

Depois, é negociar que percentagem de azeitona recolhida é para os proprietários dos olivais, normalmente pouca, havendo vários casos em que as pessoas até oferecem a própria azeitona a quem a pede, que tem apenas o trabalho de a colher.

Não é necessário grande investimento em equipamento. Vista roupa velha, leve uns lençóis velhos, uns varapaus, um balde e uma dúzia de sacos com capacidade para 50 Kgs de Azeitona, que compra em qualquer casa de material agrícola.

No final, é levar para o Lagar mais próximo (pergunte aos locais o que fazem com as suas próprias azeitonas), e levar Recipientes Adequados para carregar o seu próprio Azeite.

Não é necessário esperar que transformem a sua própria azeitona: os lagares, nesta altura do ano estão em laboração contínua - entregamos as Azeitonas e levantamos imediatamente a quantidade de Azeite correspondente.

Todos ao anos, os lagares estabelecem a sua bitola, consoante vários factores de mercado: a qualidade e quantidade de azeitona, a sua margem de lucro.

Este ano, 100 Kgs de azeitona, dão direito a cerca de 10 litros de azeite.

Depois com mais calma, quando se dedicar um dia a engarrafar o seu próprio Azeite, não se esqueça de encher umas garrafinhas, onde, com um pouco de imaginação, conceberá um rótulo particular e bem sugestivo, que lhes colocará.

Uma excelente ideia de Prenda de Natal para os seus Amigos.

Poupe nos (em alguns) Livros

Enquanto as mulheres deambulam de Zara em Zara e seriam capazes de passar várias semanas consecutivas experimentando roupa, homem que é homem, num Centro Comercial, sente-se sempre mal.

Os criadores de Centro Comerciais, todos eles maricas, nunca tiveram a coragem de criar uma coisa decente, com Tabernas, onde um homem se possa embebedar em condições, a fim de não sofrer tanto, com as contas que elas apresentam no fim.

Quando fico sem nada para fazer, costumo ir passear um pouco para o único sítio minimamente interessante:

Dou sempre comigo a caminho de alguma livraria, onde me sinto mais nos meus terrenos.

Como uma criança numa loja de brinquedos, gostaria sempre de levar vários.

Sempre com cuidado, para não fazer cair o marcador de página que todos têm algures, vou lendo as sinopses disto e daquilo.

Toda a gente sabe que os portugueses estão cada vez mais espertos e que, dados os preços, estão a ler cada vez mais livros, inteiros, de pé, a espaços, nos corredores das livrarias.

É costume perguntarem às pessoas, sobretudo ás pessoas importantes, mormente políticos, o que andam a ler.

Como normalmente nunca pegaram num livro sequer, dão respostas estúpidas com que nos arrancam valentes gargalhadas.

Perguntam o que lêem, quantos livros lêem por ano.

Nunca perguntam onde lêem e a resposta seria: « Nas livrarias, ando a ler 4 ao mesmo tempo».

O meu percurso é sempre o mesmo: começo a carregar vários livros que me despertam interesse, como se os fosse comprar.

Quando o peso me faz doer os braços, paro em qualquer poiso e seleciono apenas os que mais gostaria de comprar. Obviamente, abandono os outros em qualquer sítio, fomentando assim o emprego, para os arrumadores de livros.

Chego próximo das caixas apenas com 3 ou 4.

Nos últimos tempos constato que são quase todos manuais, códigos jurídicos (m/ área de estudo atual), ou sobre gestão e auto-ajuda, pelo que começo a desconfiar que devo ser realmente uma pessoa que precisa mesmo de ser auto-ajudada.

Numa das últimas visitas trazia 3: um sobre "Como Pensar Para Ficar Rico", algo que, confesso, sempre me deslumbrou e indica que mais tarde ou mais cedo me conformarei, indo como missionário para África; outro "Como Inspirar A Sorte", o que considero ser, provavelmente, a luta mais dificil que poderia travar na minha vida, e, por último, "Como Viver o AGORA Encontrando A Força Que Há Dentro De Sí".

É então que, apelando á FORÇA que ainda há dentro de mim, resolvo não esperar pelas leituras para colocar todas as teorias em prática: deixo todos os livros em qualquer expositor e saio de mãos a abanar, mais RICO 3 vezes cerca de 15€, caminhando rapidamente para casa, cheio de SORTE de poder sair dali.

Prendas de Natal Por SMS

Anoitecia, estava a chover e fazia frio - tudo factores que me desencorajam a sair de casa- e as malditas prendas que ainda faltam.

Pesei num dos pratos da minha balança mental as prendas que ainda me faltavam, e no outro a tosse que podia apanhar, apesar de a tratar com três colheradas de mel toda a noite e de alguma ida em pijama ao quintal para reforçar a dose de limões.

Este ano, por mim, por causa da gripe e do resto, em vez de trocarmos caixas de mon cherri ou garrafas de vinho do porto e de licor beirão, vou tentar convencer algumas pessoas, as mais chegadas, que seria melhor trocarmos apenas SMSs.

Sempre sai mais barato, alem de que, sem massacrar muito os neurónios, podemos aproveitar as mensagens que recebemos de uns, para enviar para outros, com a esperança de pensarem que fomos mesmo nós que as inventámos.

Estou bastante preocupado com as operadoras de telecomunicações, coitadas, dado que, com as histórias das escutas telefónicas, skipes e facebooks, diminuíram drasticamente o seu volume de faturação.

Se fizermos as contas, sai mais barato reforçármos-lhes os lucros com uns milhares acrescidos de SMS, do que deixá-las ir abaixo, e lá termos nós, contribuintes, de, através do Estado, acorrer em seu salvamento. Apesar de já estarmos habituados a ser salvadores de tudo.

Estou convencido que, dado o elevado indicie de corrupção que parece prespassar os vários níveis da Sociedade, melhor será que as operadoras sejam obrigadas desde já a gravar a totalidade das conversas entre os portugueses.

Gravadas para escuta futura, ainda que à partida nada tenham de comprometedor.

Qualquer pateta já deve ter descoberto que existem milhares de códigos e mensagens codificadas que os corruptos podem inventar para apimentar as conversas aparentemente mais vulgares, as quais, se futuros indiciados, apenas sob coação, ou até mesmo introduzindo um bocadinho de tortura, poderão revelar.

Mesmo nos habituais cumprimentos alentejanos « Tás Valente ou Quê» , «Tá Bom ou Não Quer Dizer», «Tás Rijo ou Não Prestas» e o célebre «Tás Porreiro Pá» podem ter encerradas valiosas mensagens criptografadas, quem sabe se envolvendo as mais gradas figuras da nação e não só..

Se estivermos atentos, até a corriqueira resposta de «Tenho andado um bocadinho em baixo..», a meu ver , pode remeter para Pedidos de Pagamentos Por Baixo Da Mesa.

Que isto de mensagens tem se de desconfiar de tudo...até uma despedida a mandar «ir dar um beijinho à Mãe»

pode ser uma terrível ameaça de mandar alguém para o Céu...

Eu, se fosse da polícia, estava já de olho era nos novos adeptos da columbofilia, começando por passar umas revista pelos pombais (com particular atenção às anilhas), porque há fortes razões para crer que os corruptos e corruptores, face às escutas, se estão a virar para os pombos, sem menosprezar as garrafas que apareçam a boiar, nomeadamente em localidades junto aos rios, que são também um forte indício.

E quanto a prendas, para alguma criança mais desfavorecida que eventualmente não tenha telemóvel e que assim não possa receber o seu SMS - o que é quase uma impossibilidade de facto- porque, creio, mesmo os sacos de fraldas já vêm equipados com telemóveis para elas, podemos sempre levá-los a uma loja de brinquedos e ver do que gostam, e não vai ser difícil interessarem-se por alguma coisa.

Tomara que os adultos fossem tão fáceis de contentar.

Basta sugerir uma visita à loja chinesa mais próxima para provocar a alegria de qualquer criança.

Para quem não sabe, no interior do Alentejo, as lojas dos chineses desempenham perfeitamente o papel da Tois r` Us.

Aproveite o Poder das Conexões

Já aqui tinha dito que devemos estar atentos a todas as oportunidades que a vida nos vai colocando à frente. Queria reforçar. Devemos estar atentos, mas mais ainda, agora que algumas oportunidades escasseiam.

Tenho passado algum tempo a estudar como são importantes as pessoas que nas curvas da vida são colocadas no nosso caminho. E porque não colocadas. O quanto às vezes ignoramos o que elas nos pretendiam dar, e não aproveitamos o potencial das relações humanas.

Descobri coisas.

Mais uma vez não comi bagas vermelhas da árvore das alucinações, nem bebi chás com sabores exóticos :).

E quem porventura não gostar deste tipo de prosa, ou duvidar, faça o favor de não me levar muito a sério. É que eu só escrevo para pessoas de fé.

Tenho pensado bastante em algumas coisas. Penso que até seria capaz de demonstrar alguma coisa.

Pensem na seguinte hipótese:

Vão ser transferidos do vosso trabalho para uma terra qualquer, vá, a Austrália.

Como ficariam? Preocupados, julgando que partiam para tudo da estaca zero?

Não tinham referências lá? Não vêem nada? Ninguém que vos possa ajudar, que seja um ponto de referência?

Já pensaram na diferença entre dormir num quarto desconhecido totalmente às escuras e noutro com um pequeno ponto de luz na janela que vos oriente? Qual preferiam? Faz diferença, não faz?

É assim: o que eu descobri é que em tudo há sempre um ponto de luz. A escuridão total não existe.

Voltemos à Austrália.

Então e se alguém vos dissesse ao ouvido que está alguém a menos de 100 metros que é o que procuram, para não começar do zero? Que vos vai ajudar, nas mudanças.

O poder das conexões é fortíssimo. Há uma ligação entre tudo. Tudo é relacionável. Todas as coisas, por mais longínquas ou antagónicas ou desconexadas são passíveis de relação.

E essa relação engrossa à medida que a desenvolvemos. As conexões fortificam-se. Nós enquanto pessoas temos o poder de as estabelecer e fortalecer.

Tal como as ligações nervosas acontecem dentro do nosso corpo, e dentro dele, por exemplo no cérebro, o mesmo sucede na sociedade.

Vou dar um exemplo

Estou aqui, tranquilamente na minha casa. Mas, se eu quiser, posso criar uma relação com qualquer pessoa no mundo e interagir com ela, criar um fluxo de comunicação e interação com ela, uma empatia.

Orientamos para ali o nosso pensamento. Acende-se ali uma faísca, há um raio que nos vai ligar, uma conexão.

Então e se a conexão que eu estabelecer for uma recomendação que eu faça a uma das pessoas mais importantes do mundo, e se ela a aceitar, e modificar um comportamento?

Então e se eu fizer isso todas as noites? Se eu fizer notar ao jornalista que escreveu o artigo no jornal de referencia que tem de ver outro aspeto, e se ele me responder a agradecer e fizer isso?

E se for isso que eu estou a fazer agora, se isso estiver a acontecer agora mesmo?

A chave para todas as nossas inquietações está bem acessível, debaixo dos nossos olhos.

Raramente a vemos. Mas hoje, hoje quero dizer qual acho que é a chave.

Faz-se luz no teclado enquanto digito, devagar, estas palavras, letra a letra, como se não quisesse fazer barulho a escrever…

-A chave, meus amigos, está nas pessoas.

Pensem nas pessoas com quem hoje conversaram, acreditam que foi tudo por mero acaso?

Penso que descobri que nada é aleatório. Há uma razão, forte, para tudo.

Só queria recomendar:

Devemos estar muito atentos às pessoas com quem nos cruzamos, mesmo aquelas que parece que aparecem por mero acaso, porque elas transportam consigo todas as soluções que procuramos, e que se começa na criação-estabelecimento de uma relação-conexão.

De onde deriva o sucesso do Facebook? As pessoas já viram que é fabuloso, mas ainda não sabem bem o que fazer com isto...

O Facebook é um OVNI que aterrou no nosso quintal, e ainda não sabemos bem o que é, de onde vem e para onde vai, nesta fase, a bem dizer, ainda estamos praticamente todos a brincar com o Alf que saiu lá de dentro.

Onde Está a Riqueza?

Muitas pessoas estão neste momento tentando melhorar substancialmente a sua situação económica. Dando passos importantes, arriscando, tentando, modificando comportamentos, acreditando, e por vezes, conseguindo.

Essa também foi uma luta que travei.

Uma luta de várias batalhas, em várias frentes, utilizando de forma concertada, todos os recursos que consegui, com muita determinação.

E os resultados?

Desencantem-se, nunca obtive os resultados desejados.

Conseguem visualizar um coelhinho, mansinho, inocente, fácil de apanhar a pastar na relva?

Eram assim os vários objetivos, em matéria financeira, e que eu tive à frente.

E o que aconteceu? Na altura de cair com a rede em cima do coelhinho, ele fugiu-me sempre.

Uma, outra, e ainda outra vez. Questões familiares, profissionais, outras, onde um pequeno golpe de asa poderia dar num grande acréscimo económico. Nunca deu.

À minha custa, fui descobrindo que tudo o que metesse dinheiro, comigo, nunca resultava.

Até que comecei a investigar , a tentar ver o que de anormal se passava.

Demorei demasiado tempo a perceber. Como se fosse um enigma, passei muitos anos a tentar decifrar uma coisa que me apoquentava.

Cada vez que estava quase quase a agarrar uma boa oportunidade, ela escapava-se-me da mão.

Fosse o que fosse, fosse projeto profissional, fossem até mesmo os numeros do euromilhões (embora neste aspecto fosse difícil, visto jogar apenas, mais ou menos, uma vez por ano).

Ficava preocupado, pensava no que poderia estar errado nas minhas estratégias.

Era nítido e mais que evidente que tinha força, disciplina, tinha "querer", ambição e capacidade para conseguir os meus propósitos.

Prova disso, era de que um após outro, todos os meus objetivos na vida (sou modestíssimo nas minhas exigências) foram sendo obtidos, todas as metas gradualmente atingidas.

Todas, menos uma, com tudo o que significasse dinheiro, não resultava.

Cada vez que "algo" me procurou provar que eu não estava destinado a fazer uma grande fortuna, imediatamente a seguir, como se estivesse arrependido dos obstáculos que me criou, da mesma forma, me deu sempre um sinal, dando-me outra coisa, qualquer coisa, sempre muito mais valiosa do que dinheiro.

Fosse saúde, fosse uma prova de amor, ou uma amizade pura e sincera, fosse uma boa família, fosse uma vitória pessoal, ou uma alegria com um filho, fosse reconhecimento, fosse alguma sabedoria, fosse alegria e vivacidade, fosse popularidade, ou alguma dessas coisas sem importância nenhuma que as pessoas tanto valorizam, fosse o privilégio de em certas circunstâncias me poder elevar e apreciar de cima, e perceber o puzzle em que todos estamos encaixados, enquanto vejo tantos a interrogar-se sobre o encaixe da sua pequena peça.

Em vez de dinheiro, foram-me dadas tantas coisas, algumas intangíveis, pelas quais muitas pessoas lutam e nunca conseguem obter, e eu ali com elas de mão beijada, para compensar.

A situação repetiu-se uma e outra vez. Sempre que me fugia a oportunidade de enriquecer, imediatamente me era estendida outra coisa para compensar.

Agora reconheço, fiquei sempre a ganhar.

E isto foi sempre assim, ao ponto de fazer desconfiar o maior crédulo, de tantas coincidências.

Comecei então a pressentir que "algo" brincava comigo ao rato e ao gato, mas não percebia porquê. Porque falhava quase sempre nos negócios, e logo a seguir, recebia gratuitamente como por mero acaso, tudo aquilo que poderia comprar com o dinheiro que tivesse obtido.

Uma coisa invisível fazia questão de me mostrar que ele é que controlava, e eu não era mais do que um mero instrumento.

Cheguei a suspeitar que algum familiar ou colega de trabalho me andasse a tramar. Excluí, claro, sempre as bruxas, à partida.

Ainda pensei que podia ser um chamamento, e pensei tornar-me religioso e tentar a sorte nos Franciscanos ou saber se aceitam homens na ordem das Carmelitas Descalças, mas rapidamente desisti da ideia.

Um dia, um daqueles dias em que a nossa clarividência está mais acutilante, fez-se luz, e essa luz trouxe-me uma grande paz e tranquilidade.

Percebi o sinal. Arrepiei-me.

Entendi finalmente a mensagem! (venha ela de onde vier)

-Percebi que já me avisaram suficientes vezes de que a minha riqueza seria grande, mas que deveria perceber primeiro que ela não depende em nada do dinheiro!

Que não devia ignorar qual era a minha riqueza, e assim, mudaria para sempre a minha perspectiva de vida, o que faria muitas coisas perderem relevo.

Descobri finalmente a razão pela qual o meu coelho me fugia sempre, que nem em sonhos lhe senti o pelo.

Recebi assim, uma espécie de revelação do sentido da vida. Da minha vida.

Foi a vida, a natureza, o Ser superior a mostrar-me o que queria de mim.

(A sério, não bati com a cabeça em nada, não comecei a frequentar nenhuma seita, não fumei erva, nem comi bagas de nada, só bebi água ao almoço, não ando a ler nada de mais, e sinto-me bastante bem se saúde).

Mas creio poder afirmar, convictamente, que já decifrei boa parte deste enigma. E que a partir daí, a minha intuição passou a dizer-me porque estradas não vale a pena tentar ir.

Quando descobrimos o sentido da vida, muda muito na nossa vida.

Começamos a perceber a razão porque cá andamos, o que esperam de nós, qual é o nosso papel e o nosso caminho. Descobrimos a ordem natural das coisas, tomamos uma consciência apurada do nosso lugar no mundo, passamos a melhor poder antever o dia de amanhã.

Bem, na verdade, não pretendo saber tudo. Tenho até um certo receio de ir descobrir mais do que já sei.

É que há coisas fabulosas que descobri, mas que não devo contar.

Mas que sei, e que vou descobrindo. Embora tudo tenha de decorrer com uma grande descrição.

Percebi então o verdadeiro sentido daquela expressão:

"Há pessoas tão pobres, tão pobres, mas mesmo tão pobres, que a única coisa que possuem em abundância... é dinheiro!".

Pode parecer um perfeito lugarzinho comum, mas percebi a maior das verdade, é que a maior riqueza do mundo são os nosso amigos.

Com eles temos tudo, e para onde quer que vamos, estará sempre alguém à nossa espera.

Como Atingir Objetivos

Em vários aspectos da vida, e também nas escolhas que fazemos, e nos objetivos que pretendemos alcançar, há uma lei universal.

Bem podia discorrer aqui sobre os poderes do Universo, sobre o estranho equilíbrio proporcionado por uma extraordinária força da Natureza a todas a coisas que conhecemos.

Sobre como é idiota e completamente inútil perseguirmos a plenitude e a perfeição, porque essa força, que move tudo o que conhecemos, mas sobretudo o que não conhecemos, encarregar-se-à de tornar fúteis e vulgarizar os nossos esforços em algum campo das nossas vidas, remetendo-nos para a humildade da nossa condição humana, logo profundamente incompleta e imperfeita.

Contudo, a nossa própria natureza , pequena e ignorante, tende a mover-nos no desconhecido, e a impelir-nos sempre em busca de algo mais, que ambicionamos e pretendemos captar para as nossas vidas.

É na luta que travamos constantemente, humanos e ridículos, entretidos com os objetivos comezinhos que perseguimos, e sempre assim será, que devemos estar cientes de uma coisa sobre a qual refleti.

Todos nós temos objetivos. Pessoais, profissionais, familiares, sociais, económicos, financeiros, entre outros.

Se pegarmos no nosso caderno secreto, onde escrevemos as "coisas que eu quero fazer" de vez em quando, todos nós estamos a tentar obter alguma coisa, algo nos move. É mesmo assim, é normal.

Ainda que, como disse atrás, alguns de nós tenhamos a consciência, e o respeito, pela tal força universal que tudo equilibra, e que sabemos que, quando tudo começar a ficar demasiado perfeito e completo, intervirá com a sua mão oportuna, mexendo em algum aspecto, em alguma tonalidade da pintura do nosso quadro, que nos torne tão incompletos e imperfeitos, quanto os mais.

Que pincele um pouco de sofrimento quando a felicidade é grande; ou que nos acalente com a sua manta de lã, quando estamos no mais negro breu, perdidos.

Ainda alguém pensa que posso não estar bom da cabeça :)), ou que pretendo colocar aqui algum manifesto de alguma religião esquisita eheheh:))) Nada disso.

Mas, apesar da consciência de que é impossível percorrer todos os caminho que desejamos e sobretudo atingirmos os principais objetivos que gostaríamos marcassem a nossa vida, sempre hei-de partilhar uma pequena estratégia sobre a qual tenho pensado.

Há um poder muito grande que nos confere autonomia e liberdade. Esse poder concede-nos uma extraordinária independência e não submissão. É o" poder da alternativa".

Passo a explicar melhor.

Para tal, é importante que cada um pense num determinado objectivo, plausível, pelo qual está lutando. Esqueçam aquela de ser rico, belo, famoso, o totoloto, e outras do tipo. Com essas, não resulta.

Pensem num objectivo mais específico, e prático, Uma coisa da vossa vida, da família, do vosso trabalho, relacionamentos ou atividades.

É assim: Já todos pensámos num caminho para lá chegar, não já?

E o que aconteceu na maior parte das vezes?

Alguém nos barrou esse caminho.

Alguém nos dificultou, nos fez desistir, enfim, surgiu um obstáculo que não conseguimos transpor e desistimos.

Passámos a perseguir outro objectivo em vez desse, que abandonámos.

Foi um sonho perdido que ficou na gaveta.

Estamos todos cheios de gavetas cheias de sonhos.

Alguns já os esquecemos e podiam ter justificado a nossa vida.

Pois bem, o que quer dizer é que, há uma forma - eu penso que é infalível, mas ainda estou a fazer umas contas que o provem (porque vou sempre à Matemática justificar) de impedir que assim aconteça, e possamos perseguir o nossos objetivos ultrapassando os obstáculos.

E, ela consiste, nem mais, de nos darmos ao trabalho de, para tudo, ter sempre alternativas.

Sabem jogar às damas? E xadrez? Ou, melhor, a jogos de labirintos?

Em cada jogada nossa, se tivermos duas casas para onde mover o nosso peão (ou mais do que duas), e pensando no xadrez, não revelarmos a ninguém a forma como pretendemos alcançar o nosso objectivo, se o adversário nos responder, barrando um dos caminhos, temos sempre o alternativo.

Agora atenção: o alternativo não pode ser um beco, tem de ser um caminho que tenha sempre, também, no mínimo por sua vez, outras duas saídas possíveis. Para o caso de nos voltarem, e vão voltar sempre, a anular mais uma...já perceberam?

O poder da alternativa é isto mesmo:

- termos sempre, para tudo, um caminho com várias alternativas.

Assim, nunca haverá quem nos possa ganhar.

E se soubermos aliar a isto 2 truques :

a)nunca escolher o caminho mais óbvio, mais fácil, mais denunciado em primeiro lugar:

b)jogar primeiro, tomar sempre a iniciativa.

c)e que nunca ninguém saiba, nem possa suspeitar, para que objetivos nos estamos a dirigir (o mais difícil) , só pode haver um resultado:

-É o de que sairemos sempre, mas sempre, vencedores.

Ah, os Mecânicos

Quando deixamos o carro na oficina convém sair de lá a rezar baixinho, uma ave- maria.

Pior do que deixar o carro na oficina para eles verem de onde sai o fumo, só mesmo se for o condutor a ir parar ao hospital.

É claro que pode ser apenas uma anilha, mas também pode ser o parafuso inteiro.

São acasos do acaso, são imponderáveis onde quase tudo é possível.

No meu caso, comparo sempre a conta do mecânico com o euromilhões, coisa que também só faço uma ou duas vezes por ano - e sob ameaças e chantagens diversas dos colegas de trabalho - situação que qualquer dia vos hei-de contar - quando há algum jackpot que mereça o trabalho de ter de pensar em 5 ou 6 números até cerca de 40, sem serem repetidos.

Fica tudo - Carro ou Boletim da Santa Casa- entregue nas mãos do destino: tanto pode ficar resolvida a vida de um homem, como a vida dum mecânico.

Aquele ruído afinal pode ser apenas as rótulas das rodas que estão em sintonia com as rótulas dos joelhos do dono. Tanto pode bastar óleo, como pode bastar um motor novo.

A bem dizer, o carro tem as mesmas maleitas do homem.

As Livrarias, as Seleções e o Circulo de Leitores fartam-se de vender livros sobre a Saúde.

Já repararam que nenhum vende livros sobre as doenças do carro?

Porque os mecânicos, sobretudo os de bairro, não são em nada menos do que pedreiros livres, mas sacrificados, possuindo também um lobby secreto, pior que a maçonaria e opus dei as duas juntas, atuando junto dos editores, não havendo o raio de um livro com um simples algoritmo que, face à primeira batida ou ao último ganido (sim, porque não acredito que alguem leve o carro ao mecânico sem estar a ouvir barulhos estranhos que indiciem explosão, perda de rodas em andamento ou outra coisa assim) nos ajude a identificar o que é que aquilo tem.

Se as mulheres distinguem apenas vagamente um pneu dum fusível, nós os homens, embora saibamos desde o berço nomes como cambota, ejector, junta da cabeça, centralina e correia de distribuição - tudo palavras cuja simples pronúncia me põe a carteira a tremelicar e o cartão de crédito a encolher uns 2 centímetros- apesar de ninguem decente fazer a mínima ideia do lugar exacto onde ficam tantas peças, fingimos apenas, para que o mecânico com o nosso palavreado não aplique o modelo de conta que tem para as velhinhas.

Devemos escolher sempre, mas sempre, a parte da tarde para pagar ao mecânico - descubram o café onde é que ele vai beber o medronho a seguir ao café.

Se possível, subornem o dono do café para dobrar a dose.

Entrem lá, e mesmo que não tenham muito jeito (treinem antes em casa com alguém de confiança), apliquem- lhe uma valente palmada na lombeira - daquelas que às vezes nos dão sem estarmos à espera, que quase caímos inanimados.

Ou então um grande abraço daqueles que fazem estalar as costelas todas.

Vão ficar surpreendidos quando ele lhe disser - falando sempre com um palito na boca: " Você teve muita sorte: o carro afinal não precisou de ir para a sucata".

Esqueça a Beleza

Com particular atenção para nós, homens portugueses, estamos a assistir ao alastrar da crise para áreas muito específicas, e só por si reveladoras de que ela é mesmo a sério e veio para ficar.

Que as pessoas estivessem a disciplinar a alimentação ou o vestuário, era normal.

Mas agora são outras coisas.

Coisas de que só em último caso algumas pessoas prescindiriam. Coisas que, mesmo sem dinheiro, nunca podiam faltar.

Mais imprescindíveis do que comida, educação, saúde.

Falo das despesas com a beleza e com a elegância.

Segundo dado recentes as mulheres decidiram suprimir as idas à cabeleireira, situação com todos os inconvenientes, porque a conversa que tinham com ela ficou para nós.

Alem de que os secadores de manhã fazem imenso barulho, o que nos impede de ouvir a licão de Bom Português na RTP1 enquanto tomamos o pequeno almoço.

Na antiguidade, a beleza estava a par da honestidade e da verdade, foi sempre fator de distinção. Supunha-se que o Criador de todas as coisas, ao fazê-las bonitas, as dotasse das outras virtudes todas acopladas. Isso desculpou muita coisa.

Na verdade, ainda é assim.

Bastando pensarmos nos porteiros das discotecas e na seleção que fazem à entrada.

Isto sem falar do grupo de mulheres que se juntam à porta da mercearia da minha terra, comentando toda a gente que passa, as gorduras e magrezas, os que estão bem vestidos e mal «arranjadas», que «ela» é mal empregada «nele» ou vice versa, perspectivando assim a duração de certos relacionamentos, etc.

A uma pessoa que seja bonita por fora, espera-se à partida, tudo lhe corra melhor.

Pode ter a expectativa, logo à nascença, de que a vida lhe sorrirá em quase todos os aspectos.

É verdade que a beleza abre todas as portas.

Acaba sempre por ser um facilitador, um cartão de visita que toda a gente gostaria de exibir.

Mas os bonitos, antes de constituírem família, têm um problema.

Imagino que vivam grandes dramas, passar a vida a olhar para a sombra, sempre com receio de irem misturar tamanha beleza com alguém menos belo com quem procriar, o que os torna um tanto ou quanto retardatários no acasalamento, o que é pura perda de tempo.

Depois, no casal, quando ambos são pessoas muito bonitas, ou pelo menos as que se julgam bonitas, perdem todo o tempo a gerir essa beleza. Perdem mais do que ganham.

É claro, fazem as delícias dos fotógrafos, nomeadamente no dia do casamento. Mas depois, os álbuns envelhecem, e ninguém quer saber.

Passam ao tempo a desconfiar uns dos outros. Não dormem a pensar se já foram atraiçoados, e quem atraiçoa primeiro.

Quem não vai resistir aos atributos do parceiro, etc e tal,.

O que eu verifiquei, e que quero aqui partilhar, para animar as restantes criaturas é que ... a fealdade também não é assim tão má!

Nada melhor para um casal funcionar sem essas crises existenciais, do que terem a sorte de estarem ambos bastante longe dos padrões de beleza atuais.

Assim, se algum dos meus amigos jovens tiver a sorte de ser ou se julgar bastante feio (a), recomendo que tenham o discernimento de procurar alguém parecido.

Viverão assim uma vida absolutamente tranquila, sem sobressaltos e preocupados sim, mas com coisas concretas, como o sustento dos filhos, o trabalho, o aquecimento da casa, o preço do pão.

Poupando o elevado preço e desgaste que os belos enfrentam, longas horas de manhã a olhar para o espelho, nas salas de espera dos salões de beleza - agora, segundo consta, já são tanto homens como mulheres - ou então a procurar cabelos louros na gola do casaco... O que, obviamente lhes cria bastantes rugas....

Nada mais deprimente para alguém que já foi considerado muito bonito do que enfrentar a idade.

Por outro lado, para quem sempre foi feio, a velhice só pode tornar tudo mais fácil.

Poupe nas Pizzas

Saí de casa para ir comprar uma pizza. Na verdade, seriam duas pizzas médias, porque barriga de moço não tem osso, e uma pizza não chega para nada

Levei portanto, pelo menos, uma nota de 10 € no bolso das calças. Esta mania de nunca andar com a carteira já me valeu algumas multas de trânsito, e ter de ir ao Posto da GNR mostrar o meu título de "bom condutor distraído".

Peguei em 10€ e mais algumas moedas, porque suponho que 2 pizzas me custem, na pizzaria onde as costumo ir comprar, mais ou menos isso.

Escolho sempre uma delas de frango com natas, ou então de ananás - consoante o nível de colesterol que estimo que tenho – como raramente o meço, costumo fazer umas contas de cabeça às gorduras que tenho comido ou evitado nos últimos dias, para assim aferir qual das duas posso escolher.

Quando à segunda, que normalmente não é para mim, é uma qualquer a evocar o nome de uma cidade italiana - Bolonhesa, Napolitana, Romana. Como a maioria das pessoas, não faço a mínima ideia do que as distingue.

Mas, já que de cidades italianas falamos, quando pago duas pizzas compradas à pressa, sinto-me basicamente como se merecesse o nome de outra cidade italiana onde pelos vistos não comem pizas: um Palerma.

Outras vezes, para variar, quando em casa decidimos apostar numa coisa rápida, expedita, são bifanas.

De tanto as ir comprar, sei bem como eles fazem as bifanas que às vezes compramos, para comer a seguir à sopa: têm no café onde as vou comprar , num frigorífico um recipiente com febras temperadas com vinho branco, alhos, sal e pimenta. Talvez, uma folhinha de louro.

E depois, quando me vêem chegar à porta – calculo que digam «vêm aí o das bifanas» porque tenho um comportamento demasiado previsível - vão ao saco dos papo-secos do dia anterior, abrem-nos, torram ligeiramente, enquanto fritam as febras (vejo tudo enquanto bebo a mini da Sagres, à espera).

O truque, é depois tocar ao de leve com a parte lisa da carcaça no azeite da fritura, colocar dentro a febra e enrolar no papel vegetal, abafando o cheiro intenso a comida saborosa.

Esta parte do papel é mais importante do que possa parecer: quando temos fome, e chegam à mesa 4 ou 5 daqueles embrulhos cheirosas que toda a gente sabe o que contém, além dos frascos do ketchup e mostarda que lá colocamos, o desembrulhar do papel corresponde à parte em que não conseguimos evitar o crescer de água na boca e engolir em seco, que antecede o ritual.

Este ritual custa-me sempre para cima de 10€, também.

Fazer isto, uma vez por outra, é aceitável. Mas ritualizar estes procedimentos até ao nível semanal, ou quase diário, é mau, quer para a saúde, quer para a carteira.

As pizzas, embora congeladas, nos sítios do costume, custam 1.98€ cada uma, são um pouco enjoativas, mas podemos enriquecê-las em casa com cogumelos frescos, pimentos, carne moída, etc.

Um quilo de bifanas - dá para um regimento - podem guardar-se no frigorífico, temperadas à nossa maneira, e custam menos de 5€.

Sejamos honestos: a alimentação ainda é uma coisa acessível.

Mas já a capacidade para resistir ao impulso para comprar comida confeccionada, e mesmo alguma imaginação, parecem ser bastante mais caras.

Seja o Seu Próprio Mordomo

Não é por nada, mas o desempenho de vários papéis: jardineiro, padeiro, cozinheiro, moço dos jornais, mulher-a-dias, além de pintor, eletricista, mecânico, etc., é cada vez mais necessária, alem de desenvolver zonas recônditas do cérebro humano, que se não chegassem a ser exercitadas, atrofiavam, potenciando doenças degenerativas.

Fiquem a saber que há pessoas que mal se levantam, tratam da horta (a do farmvile não vale!) e depois, quando se levantam mentalmente da segunda vez, já o "jardineiro" por ali andou, podendo sempre queixar-se do fulano que faz tudo à pressa e que é relativamente descuidado, abandonando as ferramentas pelos cantos e que não enrola bem a mangueira.

Depois, vão ao pão, e depois, quando se levantam mentalmente pela terceira vez, para ir tomar o pequeno almoço já o "padeiro" por ali passou (provavelmente logo a seguir ao jardineiro) e descarregou as carcaças. Podem reclamar à vontade do tamanho dos papo secos ou mesmo da língua da sogra(bolo alentejano da massa do pão com açúcar e canela). Tão a ver uma baguette? Era assim a lingua da sogra. Digo «era» porque já não é.

As línguas de sogra tem diminuído gradualmente, devagarinho vão encolhendo, encolhendo, e agora já nem com uma língua se parecem, parecem costas.

Ou as sogras estão a falar menos, ou são os padeiros que estão preocupados com a obesidade.

Tantas vezes, mesmo antes de tomar banho, há sempre o "cozinheiro", embora desajeitado, que passa pela casa com a sua chave secreta e prepara deliciosas sandes de fiambre (assim que o padeiro chega), ou então torradas e até, às vezes quando está mais inspirado, fatias de ovos com mel.

Claro que há dias que o "padeiro" não vem - deve ter-se embebedado na noite anterior - mas é para esses dias que inventaram os cereais Pingo Doce (paguem-me a publicidade ou mudo-me para o LIDL!).

Se não houver jornais... é porque é dia de semana, e o "rapaz dos jornais" sabe que não temos vagar para o ler, fica para o Expresso de sábado.

Há pessoas que, antes de se deitar, aproveitam as horas vazias da EDP para endireitaram meia dúzia de camisas - ou seja, a "mulher a dias" que há nelas- que faz tudo mal e mexe onde não deve- fica a ver a «Kitchen Impossible» ou o «Bathastic!» no Canal FLN (Fine Livin Network) - durante as horas cheias da EDP-, e só depois só vai passar a ferro perto da meia noite, porque está frio.

Isto, após a "cozinheira" ter lavado a louça do jantar, e preparado o almoço do dia seguinte, saindo sorrateira sem se dar por ela, ajudada pelo Mordomo que - depois de escrever no seu querido Facebook - fingiu que deu um toque no chão da cozinha (embora comendo amendoins e tortas Dancake com Bayleys ao mesmo tempo), e vai preparando as toalhas na casa de banho para o dia seguinte, e ele carregando pilhas de roupa suja para a lavandaria.

Assim, quando os "senhores", tranquilamente acordam (ainda que pela terceira vez), ou se recolhem ao vale de lençóis (ainda que bastante tarde) já o staff doméstico tratou de tudo, para lhes proporcionar um sono reparador.

No fundo, com o desempenho de vários papeis - se os soubermos desempenhar com satisfação e até um pouco de humor - tornamos o dia a dia na nossa casa numa estadia num Hotel de Cinco Estrelas: estamos como em casa, não se dá pelo pessoal de serviço, e está tudo lá quando precisamos.

Nesta vida acelerada que levamos no nosso dia-a-dia de casais trabalhadores, e simultaneamente pais, cônjuges, filhos, estudantes, professores, chefes para uns, subordinados para outros, e ainda nos envolvemos em mais meia dúzia de atividades e não resitimos a tentar dar a nossa contribuição para o nosso futuro comum, em que nos erguemos da cama às 6 da manhã e nos deitamos depois da meia-noite, temos todo o interesse em saber desempenhar os vários papeis, ou então, o melhor é arrumar as botas.

A Vida Mudou

Nos últimos anos tive ocasião de ir várias vezes a Lisboa.

Toda a gente que tem um filho deslocado e estudar fora sabe o que isso é. Regularmente, um fim de semana ou outro, lá se avia a mala, se mete uma panela de pressão com uma boa caldeirada no carro, e lá vamos vê-lo.

Para fintar as portagens, adquiri o hábito de sair de Castro Verde, por Aljustrel, Canal Caveira, Grândola, Águas de Moura, Poceirão, Montijo, Vasco da Gama, Lisboa. Ao todo exatamente 183 kms.

Claro que não é a mesma coisa e o mesmo conforto que ir pela auto-estrada, mas é uma boa estrada, trajeto rápido, simples, e que se faz com pouco mais de 20 € de combustível (e na BP a seguir a Grandola, quando se abastece, oferecem o cafezinho).Fica aqui o itinerário, pode aproveitar a algum dos meus amigos.

Tinha por hábito, normalmente no regresso, parar no Forúm Montijo. Gosto daquele Centro Comercial, do espaço em si.

E ficava horas sentado nuns confortáveis sofás que eles têm no átrio à entrada, a ler um livro ou jornal e a descansar, enquanto a família ia dar uma voltinha por ali.

Como sou observador, às vezes entretinha-me a ver as centenas, milhares de pessoas que por ali andavam.

Primeiro, eram logo os carros no grande parque à volta. Tudo material abaixo de 3 ou 4 anos, cada um mais reluzente que o outro. Era como se fosse proibido entrar lá com um carro mais antigo, ou de uma marca menos cara.

Sempre me fez alguma confusão, tanto consumo. Via tantas e tantas vezes, uma avalanche de pessoas de sacos de compras na mão, mais das vezes de lojas onde, devido aos preços, o melhor é nem sequer entrar.

Imaginam lá o que era? Carros enormes carregados de compras, e filas enormes para pagar nas caixas de centenas de lojas , e saíam carregadíssimos, como se estivessem em mudanças.

E eu penava: mas onde é que toda esta gente arranja tanto dinheiro para isto?

Tudo muito bem vestido, tudo na mais recente onda da moda, tudo muito composto, botinhas, óculos de boa marca, relógios melhor ainda, a ninguém faltava nada. Parecia que estávamos nos Estados Unidos, ou na França, e dentro destes, nas zonas ricas.

Claro que isso é agradável à vista. Pelo menos para mim era.

Ninguém tem prazer em ver pessoas feias, mal vestidas, ou sentir que estamos rodeados de pessoas com dificuldades.

Mas, que diabo, pensava eu .

Já de regresso a casa, vinha sempre pensando, que raio de vida, a minha.

Trabalhamos, podemos até dizer que ganhamos como a média das pessoas, e vou eu para aqui preocupado, a pensar se não me terei excedido, ao comprar apenas uma luvazinhas na Sport Zone , da Berg, por 6€, para andar de bicicleta.

É que os nossos ordenados, tirando o empréstimo da casa, as idas ao supermercado comprar comida, o combustível, as despesas de casa com luz, meo, água, escolas, propinas, livros, sobra-nos tão pouco, a dividir pelas 5 semanas do mês, não dá para comprar quase nada, que raio, tenho tão pouco para gastar, e como é que venho uma infinidade de pessoas a carregar tanta compra nos carros, novíssimos?

Onde é que eu falhei, que não consegui atingir este nível de vida de que me vejo rodeado?

Mais de 20 anos de trabalho, nem um único dia, uma única hora de baixa. 100% de assiduidade, não é 99,9 é 100%.

Nem um segundo de atraso de manhã. Não é um minuto, é um segundo. Sim , nunca cheguei, em 20 anos, um segundo atrasado ao trabalho. Nem saí mais cedo.

Zero absoluto de apoios do Estado. Não é 20 € de abonos, ou 2 beberetes de alguma entidade pública por semana, é Zero absoluto. Ao Estado, só pago. Receber, em dinheiro para gastar, zero absoluto.

E que diabo, nunca consigo atingir 25% do nível de rendimento que esta gente parece que tem...

Pago todos os meses, pela retenção na fonte, os meus impostos, mais logo é metade do ordenado, pagos a tempo e horas, zero absoluto de fugas, tudo em dia.

E, no entanto, todo este consumo á volta, que eu em consciência, também gostaria, mas não posso de todo

fazer...

E tudo na maior descontração, como se não houvesse amanhã, passeando, comprando, tudo do bom e do melhor.

E eu olhava para eles e para o meu casaquito coçado, com uns 7 anos, sim acho que tudo o que seja casaco para sair ao fim de semana que eu tenha, deve rondar essa idade, ou para os meus sapatos vela que se pudesse substituía mediatamente.

E pensava assim: mas que raio, 20 anos a trabalhar. A ganharmos na média, sem vícios, tabacos, copos, viagens, sem gastos extraordinários, nem problemas de saúde, graças a Deus, e porque é que eu possuo um

telemóvel comprado em segunda mão e que custou 20€, no qual só meto 5€ ao dia 1 de cada mês, e vejo esta gente cheia de aparelhos que valem seguramente 20 vezes mais que o meu e agarrados a eles a toda a hora.

Quem estará a pagar aquilo?

Qualquer senhora que descesse aquela escala rolante, pelo aspecto, de certeza absoluta que gastou mais em cabeleireiro e verniz das unhas naquele dia com que a minha família gasta em alimentação numa semana. Mas de onde é que vem aquele dinheiro?

Diz um ditado "quem cabrito vende, e cabras não tem, ele de algum lado vem".

Seriam heranças, pensava eu, que esta gente recebeu toda?

E, como não lhe custou a ganhar, vêm para aqui, e.. vá roupa.

Miúdos muito novos, equipados com tudo o que de melhor e mais moderno anda por exemplo um miúdo americano.

Serão futebolistas? Serão alguns craques da Academia do

Sporting que é aqui perto? Ou serão toureiros, que isto aqui é terra de touros? Mas tantas dezenas, centenas,..

Tudo de óculos de sol de marcas internacionais , daqueles que o meu filho também queria, mas demorou uns 4 anos a juntar dinheiro para os conseguir comprar, sem roubar um cêntimo às ADSEs do Estado, ou aparelhos de dentes coloridos, a maior parte deve ser para enfeitar, porque é moda (quanto é que custará uma coisa daquelas– nem faço ideia- e que é que a paga?), mas o que era aquilo??

Reformados e reformadas, com gabardinas de boa marca, pessoas a passar produzidas como de estivessem num desfile de uma cerimonia.

Mas quem é que estará a pagar aquilo? Os próprios , naturalmente.

Devem ter todos reformas de largos milhares de euros, pois de outra forma não seria possível. Estas pessoas devem ter feito descontos de mais de metade do ordenado, toda a vida, para agora o Estado lhe poder pagar assim generosamente e viverem como americanos, aqui.

De certeza tudo pessoas que prestaram elevados serviços à pátria. Mas tantas?

Casais da minha idade, tudo na crista da onda, ostentando tudo do bom e do melhor, que até dava gosto ver as pessoas a passear.

E a comer?

Nunca vi aquela gente dividir uma baguete como nós, por norma, fazíamos: eles enchiam os chimarrões, e os restaurantes que há naquele espaços, onde se come até abarrotar à grande e à francesa, com digestivos, e era vê-los a levantar-se das mesas todos os fins de semana, tudo nos trincos, como deve ser, e toda a gente gostaria de fazer.

Empresários de sucesso, certamente. Quantos milhares por mês pagarão às Finanças, aquela gente?

Ontem, regressei ao Centro comercial do Montijo.

No meu caso, com as mesmas calças de ganga, um dos 3 pares que tenho há séculos, os mesmos sapatos vela, da marca Guimarães que comprei numa sapataria em Coimbra há uns 5 anos atrás durante um passeio, enquanto esperavam por mim a ouvir as tunas frente à Sé Velha, para me sentar no mesmo sofá, agora todos vagos, para continuar a ler o mesmo livro que anda no tablier do mesmo carro.

Irreconhecível.

O parque, quase vazio. Onde é que estão os BMW e Mercedes, as bombas? Desapareceram todas.

As lojas todas vazias, a zona da restauração mesas com fartura.

Mas então, afinal, o que era aquilo antes?

O que aconteceu àquela riqueza toda, que por lá passeavam?

Era falsa? Era tudo postiço?

A água e o azeite, separam-se sempre. O azeite vem sempre ao de cima.

Vivemos tempos em que por muito que doa, por muito que por aí se ouça, e o que mais me custa é ver muita gente que injustamente vai sofrer com isso -é um preço que custa muito ver pagar, e tomara que haja muita atenção- mas uma coisa é certa: acaba por ser uma benção o facto de não haver dinheiro, de o Estado estar na penúria e ser obrigado a cortar com todas as "mamas", diretas, indiretas, atravessadas, enviesadas, àqueles que viviam sentados à manjedoura do Estado nos múltiplos esquemas sobejamente conhecidos por todos, alimentando-se vorazmente dele, e que somos todos nós os que o alimentamos, por um lado, e ver aqueles que viviam há décadas fazendo grandes vidas a fugir aos impostos, e na Economia Paralela, que têm os dias contados.

São inevitabilidades, graduais, não há volta a dar.

Há pessoas que ficam tristes,e deprimidas por ver o consumo abrandar.

No meu caso, devo dizer que ontem, o Centro Comercial do Montijo , onde fui comprar o que comprava sempre -pouco- me pareceu um sítio mais justo, mais equilibrado, mais sensato.

O Ti Manuel

Pagamos uma miséria de 450 euros de Reforma ao Ti Manel, e outros 450 à mulher dele, a D. Maria.

Pegam nesse dinheiro, 900 euros, e depois de lhe somarem 200 recebidos da renda dum anexo no quintal, alugado à candonga a uma professora deslocada ou a um casal de Ucranianos, e mais 100 que receberam de juros de umas poupanças, ficam 1.200.

Metem 1000 dentro duma lata, correm a colocá-los debaixo do primeiro mosaico que conseguem arrancar do chão, pegam na enxada e vão cavar as batatas na berma do viaduto, nas terras das Estradas de Portugal, a pensar onde irão gastar os restantes 200.

Voltam com um molho de agriões da ribeira e um garrafão de água da bica pública, e está a sopa do jantar feita, e há tempo para arrumar a casa.

De comida, não precisam de grande coisa. Uma sopinha à noite, com as couves do quintal, todas as hortaliças.

São apenas duas pessoas. Mais ou menos, duas ou três garrafas de gás por ano.

Um bolo caseiro, com os ovos das galinhas criadas no quintal. Vinho ao garrafão, dá para 6 meses. E agora, com a torneirinha, já não se estraga.

Lazer: excursões dos idosos da câmara, da junta: pagam tudo.

De roupa, umas calças da feira um blusão dos marroquinos dão para 2 anos, e tá uma arca cheia. Botas a 5 euros o par, e do melhor, para levar à horta , à taberna, ao passeio, ao funeral.

Umas batas, sintéticas às flores, e pronto.

Simultaneamente, uma família da casa dos 30, ganha 2000 €, por mês.

Ricos, portanto.

Daquela gente tresloucada e abusadora que indigna os mais velhos, porque não se priva de nada, bons empregos.

Que têm 2 carros na família e cada um sai no seu, de manhã para o trabalho. Gente moderna, que tem tudo.

Dos 2000 brutos no recibo do ordenado, uns 650, vão para o IRS e Segurança Social, ou seja, para pagar entre outras coisas a Reforma do Ti Manel e da Ti Maria (sobram 1.350), menos sindicato, uns 1.300, limpos.

Dois putos a crescer, as embalagens de fraldas, caríssimas, a ser rapidamente trocadas por paletes de iogurtes, cada puto a comer 6 Suissinhos duma assentada. 12 pacotes de leite numa semana, e cereais? meia dúzia de papo-secos cada manhã. Vários quilos de fruta e hambúrgueres caseiros às paletes.

Uma marmita carregada à pressa cheia de bitoques para o jantar trazida da primeira coisa parecida com um restaurante que se encontre por volta das 19. Sempre comida feita, porque não há tempo. E não é mais, porque não sobram muito quando pagam os 350 da prestação do T2 avantajado, mais 50 de seguros.

Ou seja, são apenas 900 euros, antes do carro, e sobram 600, depois.

Desconta-se a prestação do carro, 300, e vá lá que o outro já está pago. É velho, e pode provocar despesas a todo o momento, o que se vai evitando rezando uns pai-nossos pelo caminho para que não avarie, como se aprendeu na catequese, enquanto se vai para o trabalho.

Vendo bem, não são 600 euros, são 600 €, menos o cartão de crédito, para onde se foram remetendo os frigoríficos que avariaram, os livros dos filhos, o cash advance da explicação, a multa de trânsito, as sapatilhas, por aí.

Ou seja fica esta família com os mesmos 450, que o Ti Manuel e a Ti Maria recebem.

Tem de chegar para viver uma família de 4 pessoas, para tudo.

Chegará????

Se tiverem sorte, não terão grande conta da farmácia.

Mas têm o colégio, a luz, o gás, água, o combustível. Os telemóveis, os tags e moches dos filhos, todos os meos, a zara, todo um ikea para comprar e um bricomarché feito de berbecues e de berbequins, de flores e molduras onde se vão metendo os retratos dos filhos.

Os aniversários, os bolos de anos, o natal e os livros, o computador, o Mc Donalds de sábado, a bica, o jornal, o filme novo, um passeio até ao mar no aniversário da casamento.

Combustível. Roupa, porque é suposto ir trabalhar apresentável todos os dias. Combustível. A mensalidade do ginásio, um hobbie para se esquecer do Combustível, e não se esquecer que continua a ser Gente.

Digna.

Isto para dizer que Segurança Social não é aquela que o Estado faz.

A verdadeira Segurança Social, de há muito que está a ser assegurada pelo apoio familiar -aqueles que o têm- dos mais velhos.

Que, apesar de tudo, ainda conseguem viver melhor que a população ativa.

Pelos pais, os sogros, os avós, pelos Ti Maneis daqueles que têm a sorte de os ter.

E os que não têm... chapéu.

Corrigindo a redistribuição que o Estado faz, são eles que , na verdade, estão a assegurar o sustento da geração dos seus filhos e netos, sentando-os à sua mesa todos os dias, e ajudando-os. Bem hajam, os que o fazem.

Acaba por ser, paradigmaticamente, a pobreza a sustentar a riqueza.

Poupe com a Raspadinha

Quem poderia supor que uma raspadinha, oferecida por um desconhecido, numa tarde na descida para a Oura, poderia efetivamente proporcionar um Fim-de-semana, num Clube de Férias, sem desembolsar um tostão, ali para os lados de Vilamoura?

Foi o que me aconteceu, e aqui vou contar.

Corri o risco de aceitar ir a uma breve entrevista num hotel rançoso ali para os lados no aeroporto de Faro ainda nessa tarde, onde me senti rodeado de gente estranha e ambiciosa, daquela gente que não perde uma promoção e corre atrás da pechinchas, e que às vezes (Bem feito!) leva barretes de todo o tamanho.

Consegui sair de lá a custo, sem que vendessem nada, depois enviei um papel pelo correio, e já está.

Três dias depois, chegou-me a casa um Voucher, com as coordenadas do Hotel.

Chegou finalmente o fim de semana frio, e a hora da minha partida, para ir gozar essa "oferta".

Despedi-me, um por um, dos meus colegas e familiares. Não sabia ao que ia. Ambiente pesado.

Não fora a ausência das televisões, e nada diferiria de uma partida de um contingente militar português para a Bósnia.

Contrariado, dado que tenho cócegas, concedi deixar revistar-me por alguns amigos mais chegados, para nos assegurarmos que não levaria nenhuma esferográfica. Como poderia assim assinar um contrato de férias ruinoso, de time sharing, que me arrependeria para o resto da vida?

Confesso que ia receoso.

Pensei prevenir a polícia da minha estadia para o caso desta se tornar problemática, e coordenarmos a melhor estratégia para eventualmente conseguirem resgatar-me com vida, caso fosse retido em alguma reunião para além dos limites do razoável, mas mudei de ideias durante a viagem, assustado com probabilidade de gastar meio fim de semana numa esquadra, a preencher formulários.

Quando cheguei, rendi-me completamente a tudo. Aquilo era mesmo verdade.

Era bom, não se pagava nada, e ninguém chateou.

Hei-me então, a fazer uma Escapadinha Para Descobrir o Algarve em Outubro.

Digo-vos uma coisa:

-Estar no Algarve em Outubro, é quase como estar em Portugal.

Os restaurantes mais «in» descobriram finalmente um filão: renderam-se ao turismo sénior.

As suas mesas, onde em Agosto nos é permitido avistar, de longe, alguns escandinavos louros de olhos azuis e pele bronzeada sentados, estão finalmente postas com alguma coisa realmente comestível, e, sentados á volta (os que ainda conseguem estar sentados), grupos de excursionistas espanhóis divertem-se á sua maneira, ao

som de castanholas.

Surpreendentemente, todos os empregados no Algarve, fora do Verão, falam Português, inclusive... até os portugueses !

Os donos da maioria dos restaurantes do Algarve - estrangeiros - também falam Português, e agora que deram férias ao pessoal, fazem questão de nos receber.

De manhã, no dia seguinte, pude finalmente constatar como extenuante pode ser o golfe.

Não que tenha iniciado essa prática, que reservo para mais tarde. Entretive-me apenas a fazer algum jogging matinal pelo meio da relva dos campos de golfe- isto depois de pular a cerca.

Alguns praticantes acenaram-me "entusiasmados" com os seus tacos no ar, apesar de um pouco tensos. A falta de um sorriso, é um handicap que nós, os latinos não temos, pelo que correspondi, acenando amigavelmente.

Os Buggys da Segurança acompanharam o meu treino de perto até à saída, embora me tivessem feito forçar o andamento. Pareciam ter alguma vontade de me fazer espevitar a passada.

Apesar de alguns inevitáveis quilos a mais e do meu porte atarracado, ter-me-ão confundido, provavelmente, com o Paul Tergat.

Daí para cá, eu que fugia a sete pés destas promoções, fiquei fã.

Poderei até fornecer, sob pedido, um pequeno guia de como deixar-se apanhar por um distribuidor de raspadinhas.

Depois disto, começo a tornar mais plausível a Excursão de Autocarro a Torremolinos com Almoço Incluído, com várias paragens para exibição de atoalhados e atapetados, e baile à roda da camioneta no fim, conforme folhetos que insistem em meter na minha caixa de correio.

Lojas de Alta Conveniência

No Alentejo, em todas as pequenas localidades, existem ainda algumas mercearias, que são pequenas e antigas lojas que, vá lá, poderíamos designar por lojas de conveniência.

Não gosto muito da designação. Se comprar a maior parte dos produtos a um preço mais elevado só porque a loja está dentro duma bomba de gasolina ou no rés-do-chão de um prédio num novo dormitório se chama "conveniência", vou ali e já venho.

Apesar de serem perseguidas por todas as fiscalizações, continuam a resistir e a funcionar em sistemas não convencionais. De resto, como muita coisa boa no Alentejo e por isso é que dá tanto gosto viver aqui.

E são tantas mais, quanto mais pequena for a Aldeia. Se for uma Aldeia muito pequena, então, são mesmo todas de conveniência. E nem convêm alguém tentar abrir alguma fora dos moldes habituais, ou se não tiver jeito para aquilo.

São mercearias onde podemos ir a qualquer hora do dia ou noite comprar costas de gila e pão quente, queijo fresco, torresmos, e ficar a dever se nos esquecermos da carteira, a sério ou porque o mês está muito comprido. E ainda por cima nos oferecem um copo de ginjinha.

Estes minimercados abarrotados de produtos alimentares frescos de elevada conveniência, a que a partir de certa hora se acede pelas traseiras, por uma qualquer porta -sempre aberta, são geridos com pulso firme de uma qualquer pessoa que nos conhece a facilita o acesso, que passa toda a noite de prevenção a fazer malha de roda duma braseira à espera de se nos acabar o leite ou as batatas, e nos atende sempre, mesmo em pijama.

Espero que seja dada proteção a todos os que mantém estes espaços desta natureza e a funcionar em moldes tradicionais.

Por assim dizer, é a resposta que encontraram – personalizada – face aos horários alargados das grandes superfícies.

Lojas onde ainda não entrou uma caixa registadora e se guarda o dinheiro na gaveta, se embrulha o bacalhau em papel pardo, onde as contas se fazem à mão, com a esferográfica bic no papel de balcão comprado a peso, onde não há calculadora porque as pessoas sabem as tabuadas, mesmo a do oito, e há paios caseiros e paiolas, presuntos, lâmpadas, pilhas, metades de frango do aviário, fósforos, sonasol loiça, fruta da época, panadinhos, nestum, almece e requeijão.

Onde há sempre um sorriso ou um comprimido para as dores de dentes para nos dispensarem, mesmo já sem validade.

Mas que vale e funciona.

Não vendem a maior parte dos produtos, apenas dispensam, arranjam. Praticamente tudo o que nos pode fazer alguma falta, mesmo que seja invulgar.

E isso tem mesmo muito valor.

FIM

www.ingramcontent.com/pod-product-compliance
Lightning Source LLC
Chambersburg PA
CBHW060411050426
42449CB00009B/1951